Das System Erde

Ein Appell für den Erhalt
unserer natürlichen Lebensgrundlagen

Hannes Petrischak

W0045325

Vernichtung der Lebensgrundlagen

1

Die Welt, in der wir leben, ist komplex – so komplex, dass die moderne Wissenschaft erst in jüngster Zeit aussagekräftige Modelle entwickelt hat, die uns darüber Auskunft geben können, wie die Komponenten im System Erde zusammenwirken und welche Auswirkungen die menschlichen Aktivitäten darauf haben. Und wie die sich seit Beginn unseres noch sehr jungen Jahrtausends immer stärker verdichtenden Erkenntnisse zeigen, sind die menschlichen Einflüsse so gravierend, dass wir unsere eigenen Lebensgrundlagen vernichten: Der Klimawandel nimmt Fahrt auf, die Verluste an Biodiversität sind dramatisch, der menschliche Einfluss verändert alle Ökosysteme.

Diese Befunde haben viel zu lange kein konkretes Gegensteuern ausgelöst. Auch in Deutschland erschienen sie der Mehrheit der Menschen offensichtlich zu akademisch oder in ihren Folgen räumlich und zeitlich (noch) zu weit entfernt. Erst in jüngster Zeit wächst der Druck aus der Bevölkerung spürbar auf eine davon merkwürdig überrumpelt wirkende Politik: Die „Krefelder Studie" zum dramatischen Verlust der Insekten (Hallmann et al. 2017) fand ein lang anhaltendes Echo in Medien und Öffentlichkeit und führte Anfang 2019 sogar zu einem erfolgreichen Volksbegehren zur Änderung des Bayerischen Naturschutzgesetzes (Bayerisches Staatsministerium für Umwelt und Verbraucherschutz 2019). Drei aufeinander folgende ungewöhnlich trocken-heiße Sommer in den Jahren 2018 bis 2020 sorgten im Zusammenhang mit den wissenschaftlichen Analysen über die Gefahr einer „Heißzeit" für die Erde (Steffen et al. 2018) nicht nur bei Land- und Forstwirten für Bestürzung. Im anhaltenden Protest der Bewegung „Fridays for Future" gibt die junge Generation ihrer Sorge über den drohenden Verlust existenzieller Lebensgrundlagen Ausdruck, unterstützt von „Scientists for Future". Das Bundesverfassungsgericht hat im Frühjahr 2021 mit der Feststellung, dass die Regelungen des Klimaschutzgesetzes so unzureichend sind, dass sie nicht mit den Grundrechten der jüngeren Generationen vereinbar sind (Bundesverfassungsgericht 2021), für große Aufregung in allen politischen Lagern gesorgt. Die Hoffnung, dass dies alles nun endlich zu konkreten, wirksamen Veränderungen führt, bleibt ungebrochen.

Die Erde ist – zumindest in unserem Planetensystem, wahrscheinlich aber auch weit darüber hinaus – ein einzigartiger Planet.

Sie ist nicht zu groß, nicht zu klein, nicht zu weit weg von der Sonne, aber auch nicht zu nah an ihr dran, und sie hat offensichtlich die ideale chemische Zusammensetzung, um über lange Zeiträume hinweg lebensfreundliche Bedingungen aufrecht zu erhalten. Das Leben selbst stabilisiert dieses System über die Steuerung der Kreisläufe von Wasser, Kohlenstoff und anderen Elementen. Unsere lebensfeindlichen Nachbarplaneten zeigen uns, dass dieser Zustand nicht selbstverständlich ist.

Wir sind dabei wider alle Vernunft, die komfortable Ausgangssituation, die uns unser Heimatplanet bietet, aufs Spiel zu setzen. Doch noch haben wir – trotz aller unerfreulichen Fakten – Spielräume, um den selbstverschuldeten negativen Entwicklungen wirkungsvoll gegenzusteuern. Sie werden rasch kleiner, wenn wir nicht jetzt damit beginnen.

Dieser Band zeigt den Orientierungsrahmen auf, den das System Erde für eine nachhaltige Entwicklung setzt. Er legt den Fokus auf die höchst aktuellen Konzepte über planetare Grenzen, Kipppunkte, das „Menschenzeitalter" Anthropozän, Ökosystem-Dienstleistungen, den ökologischen Fußabdruck und irreversible Prozesse. Manches steckt noch in einer recht frühen Phase der wissenschaftlichen Debatte und fordert auch zu einer kritischen, durchaus spannenden Auseinandersetzung auf, um die richtigen Schlüsse daraus zu ziehen.

ABB. 1:
BLICK AUF DIE ERDE

Aufgenommen von der Apollo-17-Crew auf dem Weg zum Mond am 7.12.1972.
Quelle: NASA.

Die Erde als System
2

Der Blick aus den Apollo-Raumschiffen auf die Erde hat die frühe Umweltbewegung der 1970er Jahre maßgeblich beeinflusst und das Engagement vieler Menschen für den Erhalt der Lebensgrundlagen auf unserem Planeten angetrieben (Grober 2013). Doch das rapide Wachstum der Weltbevölkerung und vor allem das Wirtschaftswachstum mit hohem Ressourcen- und Flächenverbrauch und der damit einhergehenden zunehmenden Belastung der Ökosysteme führt uns aktuell mehr denn je die Begrenztheit unseres Planeten vor Augen. Unsere heutigen Konsum- und Produktionsmuster bewirken tagtäglich milliardenfache Eingriffe in das System Erde, und zwar oft an Orten, die von unserem Alltag scheinbar weit entfernt sind. Wir verändern damit unseren Planeten – mit gravierenden Auswirkungen auf die Lebensgrundlagen der heute und in Zukunft lebenden Menschen.

Daher müssen wir uns mit den Funktionsweisen dieses Systems auseinandersetzen, um die Auswirkungen unseres Handelns wirklich einordnen und damit die richtigen Ansatzpunkte für die Transformation in Richtung Nachhaltigkeit finden zu können. Diese systemische Sichtweise ist noch vergleichsweise jung, wie Richardson erläutert: *„In jüngster Zeit ist jedoch eine völlig neue wissenschaftliche Disziplin entstanden, die Wissenschaft des Systems Erde (‚earth system science‘). Diese Disziplin zielt darauf ab, ein Verständnis dafür zu entwickeln, wie das Land, die Atmosphäre und die Ozeane miteinander in Beziehung stehen und welche physikalischen, chemischen und biologischen Prozesse in jeder Komponente ablaufen und dabei Vorgänge in den anderen Teilen beeinflussen. Die Gesamtsumme all dieser Wechselwirkungen ergibt das, was wir das ‚System Erde‘ nennen"* (2006, S. 259 f.).

Die komplexen Verknüpfungen der Komponenten im System Erde sorgen dafür, dass Eingriffe in das System nicht nur Veränderungen in einem bestimmten Teilaspekt zur Folge haben, sondern dass es immer Wechselwirkungen mit anderen Teilen des Systems gibt: Klimawandel, Verlust biologischer Vielfalt, Wassermangel, Bodendegradation und die Anreicherung von Schadstoffen sind Umweltveränderungen, die sich gegenseitig zum Teil erheblich verstärken, sodass die Gesamtwirkung globaler Umweltveränderungen größer ist als die Summe der Einzelwirkungen (WBGU 2011).

Die starke Vernetzung hat auch zur Folge, dass es kein einfaches Ursache-Wirkungs-Prinzip gibt, sodass Probleme nicht einfach zu lösen sind: Wenn man glaubt, den richtigen Hebel gefunden zu haben, treten meist neue, unerwünschte Nebenwirkungen auf. Nachhaltige Entwicklung setzt daher in besonderer Weise vorausschauendes und vernetztes Denken und Handeln voraus. Dabei gilt es, vor allem die folgenden Eigenschaften komplexer Systeme im Blick zu behalten (Jäger 2007):

- Starke, nicht lineare Interaktionen, die bewirken, dass ein Input nicht immer zu einem proportionalen Output führt: Kleine Ursachen können große Wirkungen erzielen. Im Laufe der Zeit können Stauungen, Sättigungen oder Beschleunigungen auftreten, sodass die Wirkung nicht immer gleich bleibt.
- Positive Rückkopplungen können die Wirkung einer Handlung durch die Rückwirkung, die sie auslöst, weiter steigern.
- Zeitliche und räumliche Verzögerungen sind besonders tückisch, da Folgen unseres Handelns erst spät erkannt werden und Gegenmaßnahmen erst mit starker Verzögerung greifen.
- Bestimmte Prozesse können schlagartig ein verändertes Verhalten des Systems nach sich ziehen, wenn eine gewisse Grenze überschritten wurde. Ein System kann dann zusammenbrechen oder in einen anderen Zustand wechseln und seine ursprünglichen Funktionen nicht mehr aufrechterhalten. Manchmal scheint das System vor Erreichen des Schwellenwerts nicht auf die treibende Kraft zu reagieren, die letztlich zur abrupten Veränderung führt. Dadurch können gravierende, irreversible Veränderungen plötzlich und unvorhergesehen auftreten.

Die Gefahr bei solchen Prozessen liegt darin, dass das System Erde einen neuen Zustand einnimmt, der für die Existenz menschlicher Gesellschaften nicht förderlich ist. Aus einem systemischen Verständnis heraus ergibt sich unmittelbar ein zentraler Grundsatz nachhaltiger Entwicklung, nämlich das Handeln nach dem Vorsorgeprinzip:

„Dies bedeutet, vorausschauend zu handeln und Aktivitäten aufgrund von möglichen Risiken zu unterlassen oder so umzuwandeln, dass mögliche Risiken sinken. Aufgrund der Komplexität der Systeme, in die der Mensch eingreift, können die Auswirkungen meist nicht exakt vorausgesagt werden oder treten nicht so ein, wie sie vorausgesagt werden. Diese Unsicherheiten nehmen Kritiker oft zum Anlass, Aufrufe zu mehr Vorsicht und zu einem umsichtigeren Umgang mit dem System Erde als unbegründet zurückzuweisen. Meist verbergen sich wirtschaftliche Interessen hinter dieser Sorglosigkeit, da das Vorsorgeprinzip dem ungehemmten wirtschaftlichen Wachstum gegenübersteht. Die Erfahrung hat aber gezeigt, dass das Wohlergehen durch mehr Vorsorge besser gefördert wird. [...] Wir können nicht alle Eingriffe in das System Erde beenden – aber wir können versuchen, diese so gering wie möglich zu halten" (Jäger 2007, S. 107).

Planetare Grenzen

3

1. ENTWICKLUNG DES KONZEPTS UNTER DEN LEITAUTOREN JOHAN ROCKSTRÖM UND WILL STEFFEN
2. ERLÄUTERUNGEN ZU DEN ERDSYSTEMPROZESSEN UND DEN INDIKATOREN
3. HERAUSRAGENDE BEDEUTUNG: KLIMA UND BIODIVERSITÄT
4. PLANETARE GRENZEN UND NACHHALTIGE ENTWICKLUNG

3.1 Entwicklung des Konzepts unter den Leitautoren Johan Rockström und Will Steffen

Im Jahr 2009 veröffentlichte Johan Rockström, damals Direktor des Stockholm Resilience Centre an der Universität Stockholm, gemeinsam mit 27 weiteren international renommierten Wissenschaftlerinnen und Wissenschaftlern das Konzept der *Planetary Boundaries*. Dieser Studie liegt die Erkenntnis zugrunde, dass die menschliche Zivilisation sich während der letzten 10.000 Jahre unter relativ stabilen Rahmenbedingungen entwickeln konnte. Die derzeitigen Aktivitäten der Menschheit beeinflussen das System Erde jedoch so massiv, dass dadurch irreversible und in einigen Fällen sehr plötzliche Veränderungen ausgelöst werden können, die erhebliche Verschlechterungen der Überlebensbedingungen für große Teile der Menschheit bedeuten würden.

Basierend auf den Erkenntnissen der Erdsystemforschung skizziert das Autorenteam neun Bereiche im System Erde, bei denen das Überschreiten bestimmter Schwellenwerte solche gravierenden Veränderungen der Umweltbedingungen nach sich zöge:

- Klimawandel,
- Ozeanversauerung,
- Ozonabbau in der Stratosphäre,
- biogeochemische Stoffflüsse (Stickstoff- und Phosphorkreislauf),
- globaler Süßwasserverbrauch,
- Wandel der Landnutzung,
- Biodiversitätsverlust,
- Aerosolgehalt in der Atmosphäre,
- Belastung mit Chemikalien.

Um einen „sicheren Handlungsraum für die Menschheit" *(safe operating space for humanity)* festzulegen, wurden bestimmte Indikatoren identifiziert, deren Werte sicher unterhalb gefährlicher Schwellenwerte liegen sollten. Solche Indikatoren sind unter anderem der CO_2-Gehalt in der Atmosphäre (Klimawandel) oder die Aussterberate von Arten (Biodiversitätsverlust). Die planetaren Grenzen sind zwar auf einzelne Prozesse mit entsprechenden Indikatoren bezogen, aber trotzdem miteinander verbunden: Wenn eine Sicherheitsgrenze überschritten ist, geraten andere Erdsystemprozesse unter verstärkten Druck. So kann die Vernichtung des Amazonas-Regenwaldes die Wasserressourcen in Tibet beeinflussen. Anthropogene Veränderungen in einem Teilsystem haben aufgrund der vielfältigen Wechselbeziehungen (beispielsweise zwischen Biodiversität, Landnutzung und Klimawandel) also sehr oft auch negativen Einfluss auf andere Bereiche.

In drei Bereichen befand sich die Menschheit bereits zu diesem Zeitpunkt deutlich außerhalb des „sicheren Handlungsraums": Der fortschreitende Klimawandel, die Vernichtung von Biodiversität und der massive Stickstoffeintrag gefährden eindeutig wesentliche Erdsystem-Funktionen.

Im Januar 2015 legte ein 18-köpfiges Autorenteam um Will Steffen eine Aktualisierung des Konzepts vor. Sie zeigen hierin auf, dass auch die Summe kleinräumiger Veränderungen (beispielsweise in der Landnutzung) dazu führen kann, dass sich der globale Zustand verändert, auch wenn der betrachtete Prozess selbst keinen eigenen gefährlichen Schwellenwert aufweist. Regionale Veränderungen können aber die Resilienz – gemeint ist hier das Erhalten der seit Jahrtausenden bestehenden lebensfreundlichen Bedingungen für die Menschheit – des Systems Erde im Zusammenspiel mit anderen Prozessen wie dem Klimawandel erheblich schwächen, etwa wenn dadurch CO_2-Senken verloren gehen oder Ökosysteme durch Artenverluste geschwächt werden. Deshalb ist es notwendig, auch für diese vorwiegend regional wirksamen Prozesse die Grenzen für einen sicheren Aktionsraum festzulegen.

Daraus folgt außerdem, dass man auch unterhalb des globalen Maßstabs Sicherheitsgrenzen definieren muss, die nicht überschritten werden sollten, weil bestimmte Regionen bedeutsam für die Aufrechterhaltung von Erdsystem-Funktionen sind. Vorrangig werden genannt:
- die Intaktheit der Biosphäre in großen Land-, Meeres- und Süßwasserökosystemen,
- Veränderungen der Landnutzung in waldreichen Großregionen,
- Süßwassernutzung in den Hauptflusssystemen der Erde,
- Eingriffe in Phosphor- und Stickstoffkreisläufe insbesondere in den landwirtschaftlich intensiv genutzten Gebieten.

Die planetaren Grenzen werden von Steffen et al. folgendermaßen dargestellt (ABB. 2, TAB. 1): Sie umschließen den Sicherheitsbereich *(safe operating space)*, innerhalb dessen das Risiko für bedrohliche

Veränderungen als vertretbar angesehen wird. Er ist in Abbildung 2 „grün" dargestellt. Außerhalb dieser Grenzen folgt – „gelb" gefärbt – ein Unsicherheitsbereich, der durch die Begrenztheit des derzeitigen Wissensstandes und die Unwägbarkeiten der Systemprozesse und ihrer Wechselwirkungen gekennzeichnet ist. In diesem Bereich wächst also das Risiko, dass wichtige Erdsystem-Funktionen untergraben werden. Weiter außen liegt die „rote" Hochrisikozone, die unverantwortliches Handeln widerspiegelt und bei deren Erreichen mit hoher Wahrscheinlichkeit kritische Schwellenwerte irreversibel überschritten sind.

ABB. 2:
DIE PLANETAREN GRENZEN

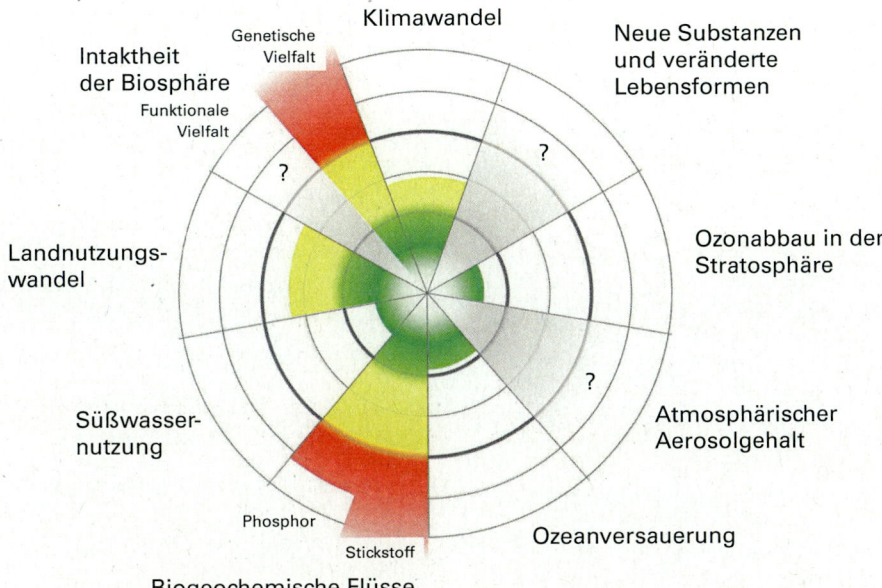

Auf den sicheren Handlungsraum (grün, innen) folgen außen die Unsicherheitszone (gelb) und schließlich die Hochrisikozone (rot). Die Sicherheitsgrenze wird durch den dickeren Kreis innen markiert. Grau gekennzeichnet sind diejenigen Prozesse, für die globale Sicherheitsgrenzen noch nicht quantitativ definiert werden können.

Quelle: Nach Steffen et al. (2015).

Das Ergebnis zeigt, dass die Menschheit sich in vier Bereichen bereits außerhalb des sicheren Handlungsraums bewegt: Klimawandel und Landnutzung finden in der Unsicherheitszone statt, die Vernichtung von Biodiversität und die Änderung der Stickstoff- und Phosphorkreisläufe bewegen sich deutlich in der Hochrisikozone.

TAB. 1:
DIE NEUN PLANETAREN GRENZEN

Erdsystem-prozess	Indikator	Planetare Grenze (mit Unsicherheitsbereich)	Aktueller Status (2015)
Klimawandel	Atmosphärische CO_2-Konzentration	350 (bis 450) ppm	399 ppm
	Energiebilanz am Rand der Atmosphäre	Änderung des Strahlungsantriebs um 1 (bis 1,5) W/m2	+ 2,3 W/m2
Verlust der Biosphären-Intaktheit	Genetische Diversität: Aussterberate	< 10 (bis 100) Extinktionen pro 1 Million Spezies und Jahr (E/MSY)	100-1.000 E/MSY
	Funktionale Diversität: Biodiversity Intactness Index (BII)	90 (bis 30)%, für Biome/ Großregionen, große marine Ökosysteme oder funktionelle Großgruppen	? (84% in Südafrika)
Ozonabbau in der Stratosphäre	Stratosphärische Ozon-Konzentration	< 5 (bis 10)% Rückgang gegenüber vorindustriellem Niveau: 290 Dobson-Einheiten (DU), pro Breitengrad	Über der Antarktis im Frühjahr überschritten (ca. 200 DU)
Ozean-versauerung	Konzentration von Karbonat-Ionen	80 (bis 70)% der vorindustriellen mittleren globalen Aragonit-Sättigung der obersten Meeresschicht	84%
Änderung biogeochemischer Flüsse (Phosphor-, Stickstoff-kreislauf)	Phosphorkreislauf a) Global: P-Eintrag von Flüssen in den Ozean	Phosphorkreislauf a) 11 (bis 100) Tg/Jahr	ca. 22 Tg/Jahr
	b) Regional: P-Eintrag in erodierbare Böden	b) 6,2 (bis 11,2) Tg/Jahr	ca. 14 Tg/Jahr
	Stickstoffkreislauf Global: industrielle und biologische N-Fixierung	Stickstoffkreislauf 62 (bis 82) Tg/Jahr	ca. 150 Tg/Jahr
Landnutzungs-wandel	Global und regional: Waldfläche in % der ursprünglichen Fläche	75 (bis 54)% als Mittel dreier Biom-spezifischer Grenzen: Tropenwälder: 85 (bis 60)% Wälder gemäßigter Breiten: 50 (bis 30)% Boreale Wälder: 85 (bis 60)%	62%
Süßwasser-nutzung	Global: jährlicher Süßwasserverbrauch	4000 (bis 6000) km³/Jahr	ca. 2600 km³/Jahr
	Regional: monatliche Wasserentnahme in % des mittleren Wasserflusses eines Flusssystems	25 (bis 55)% bei Niedrigwasser; 55 (bis 85)% bei Hochwasser; sonst 30 (bis 60)%	
Atmosphärischer Aerosolgehalt	Saisonales Mittel der Aerosoloptischen Dicke (AOD)	Regional (Fallstudie südsiatischer Monsun): anthropogene AOD über Indien 0,25 (bis 0,5); absorbierende (wärmende) AOD <10%	0,30, über Südasien
Einführung neuer Substanzen und Lebensformen	Noch unbestimmt	Noch unbestimmt	

Quelle: Leicht verändert übernommen aus Gerten & Schellnhuber 2015 (modifiziert nach Steffen et al. 2015).

3.2 **Erläuterungen** **zu den Erd-** **systemprozes-** **sen und den** **Indikatoren**	**Klimawandel:** Der umfassendere Indikator für den Klimawandel ist der Strahlungsantrieb, der die Änderung der Energiebilanz der Erde misst und dabei neben CO_2 weitere anthropogene Faktoren wie andere Treibhausgase oder die Wirkung von Aerosolen mit einbezieht. CO_2 ist jedoch ein entscheidender Faktor wegen der sehr großen durch Menschen verursachten Emissionsmengen und der langen Lebensdauer dieses Gases in der Atmosphäre. Der als Sicherheitsgrenze definierte Wert von 350 ppm (parts per million, Teilchen pro Million; das entspricht 0,035 Volumen-Prozent) hätte eine mittlere Erderwärmung von 1,5 °C gegenüber dem vorindustriellen Niveau zur Folge (Gerten & Schellnhuber 2015). Die aktuellen CO_2-Werte (rund 410 ppm) sowie das klimapolitisch formulierte Ziel, die Erderwärmung auf 2 °C zu begrenzen, liegen daher bereits in der Gefahrenzone. Dies zeigt sich an der Zunahme von Extremwetterereignissen wie Dürren und Starkregenereignissen sowie an Eisverlusten und dem messbaren Anstieg des Meeresspiegels. Die Gefahr positiver Rückkopplungen, die die weitere Erwärmung beschleunigen, ist schon jetzt akut gegeben.

Biosphären-Intaktheit: Hier werden zwei Komponenten betrachtet. Zunächst sichert der Erhalt der genetischen Vielfalt – die nicht nur Arten, sondern auch Unterarten und Populationen umfasst – dem Leben eine möglichst breite Basis, um auf allmähliche oder plötzliche Veränderungen der abiotischen Erdsystemkomponenten zu reagieren und den Fortbestand von Ökosystemen zu sichern. Genetische Vielfalt stärkt also die Resilienz. Ein geeigneter Indikator wäre die Veränderung der phylogenetischen Variabilität *(Phylogenetic Species Variability, PSV)*, wozu jedoch eine globale Datengrundlage fehlt. Vorläufig bleibt daher bislang nur der Vergleich von durch menschliche Aktivitäten aussterbenden Arten mit der (nur annäherungsweise benennbaren) natürlichen Aussterberate. Die natürliche Aussterberate wird aktuell um das hundert- bis tausendfache in einer höchst gefährlichen Dimension überschritten. Die zweite Komponente der Biosphären-Intaktheit setzt sich mit der Rolle der Biosphäre im Hinblick auf Erdsystem-Funktionen auseinander. Als Übergangs-Indikator ist der Biodiversity Intactness Index (BII) gewählt, der den Wandel von Populationsgrößen innerhalb von Biomen bzw. großen Ökosystemen durch menschliche Einflüsse wie etwa Landnutzung misst. Steffen et al. (2015) schlagen vor, die Sicherheitsgrenze für den BII bei 90 Prozent zu ziehen, weisen allerdings darauf hin, dass für eine präzise Bewertung noch zu große Wissenslücken bestehen. Untersuchungen in den südafrikanischen Biomen verweisen jedoch auf einen Zusammenhang eines sinkenden BII mit steigender Ökosystemdegradation: Auch wenn bestimmte Landnutzungsformen nicht unmittelbar zu einer Entwaldung führen, kann die

Produktivität der Ökosysteme durch die menschlichen Eingriffe dauerhaft sinken. Die gegenwärtigen extrem hohen Verluste an Arten und Ökosystemen bergen ein großes Risiko für plötzliche und irreversible Veränderungen im System Erde.

Ozonabbau in der Stratosphäre: Die Sicherheitsgrenze wird nur über der Antarktis im Frühjahr überschritten. In den kommenden Jahrzehnten wird eine Erholung der Ozonschicht dort erwartet – ein Beispiel dafür, wie nach einer regionalen Überschreitung einer *Planetary Boundary* die Menschheit durch das Verbot ozonabbauender Substanzen wirksam reagiert hat.

Ozeanversauerung: Etwa ein Viertel der anthropogenen CO_2-Emissionen wird von den Ozeanen aufgenommen und verändert die Chemie des Ozeanwassers: Durch die verstärkte Bildung von Kohlensäure verringert sich der pH-Wert des oberflächennahen Wassers. Die Konzentration freier H^+-Ionen im oberflächennahen Ozeanwasser ist in den vergangenen 200 Jahren um 30 Prozent gestiegen. In der Folge löst sich Aragonit, Baumaterial für Schalen und Skelette vieler mariner Organismen, zunehmend im Ozeanwasser. Der Aragonit-Sättigungsgrad sollte 80 Prozent gegenüber dem vorindustriellen Wert nicht unterschreiten. Zum Zeitpunkt der Publikation von Steffen et al. (2015) lag er bei 84 Prozent. Bei Einhalten der Sicherheitsgrenze für den Klimawandel (350 ppm CO_2) bliebe die Ozeanversauerung innerhalb des Sicherheitsbereiches. Bei steigenden CO_2-Konzentrationen gerät die Ozeanversauerung jedoch ebenso wie der Klimawandel schnell deutlich in den Hochrisikobereich (ABB. 3). Die Folge ist eine erhebliche Verschlechterung der Lebensbedingungen für zahlreiche Meeresorganismen (u.a. Plankton und Korallen) mit drastischen Auswirkungen auf die Strukturen mariner Ökosysteme.

ABB. 3:
DIE PLANETARE GRENZE DER OZEANVERSAUERUNG

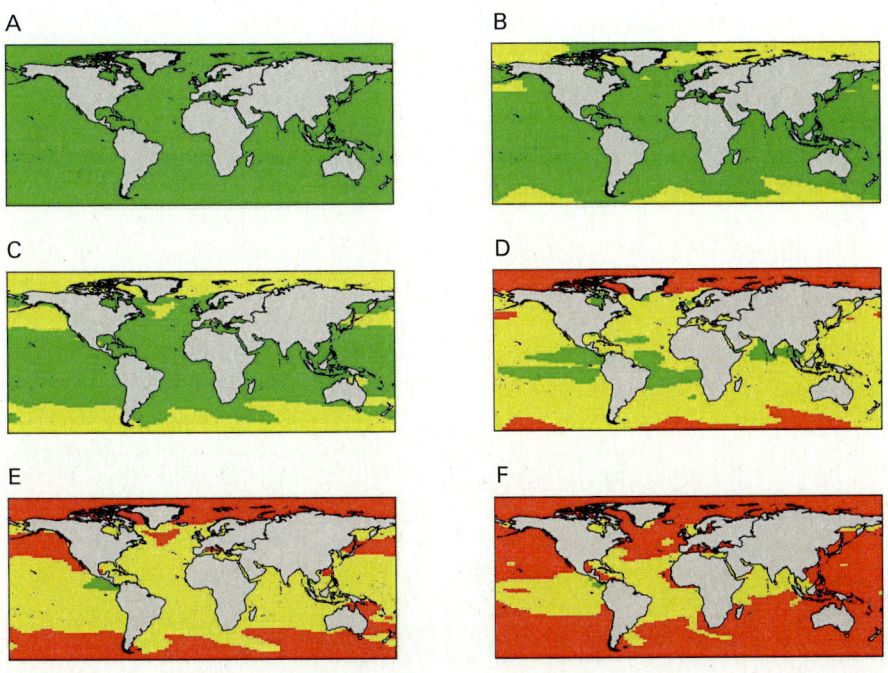

A   B

C   D

E   F

Entwicklung des Indikators Aragonit-Sättigungsgrad unter verschiedenen CO_2-Konzentrationen (ppm) in der Atmosphäre: **A** 280 (vorindustrieller Zustand), **B** 380, **C** 400, **D** 450, **E** 500, **F** 550 ppm CO_2. In den grün gezeichneten Regionen ist der Aragonit-Sättigungsgrad innerhalb des sicheren Bereichs, bei gelb ist die Sicherheitsgrenze überschritten (Unsicherheitsbereich), die roten Gebiete kennzeichnen den Hochrisikobereich.

Quelle: Steffen et al. (2015), Supplementary Materials.

Biogeochemische Flüsse: Zwar liegt der Fokus im Wesentlichen auf den Kreisläufen von Phosphor und Stickstoff, doch sollten andere für die Erdsystem-Funktionen bedeutsame Elemente wie Silizium künftig in die Betrachtung einbezogen werden.

Für Phosphor werden zwei Grenzen definiert: Um Sauerstoffmangel im großen Maßstab in den Ozeanen zu verhindern, sollten nicht mehr als 11 Tg (1 Teragramm = 1 Billion Gramm = 1 Megatonne) Phosphor pro Jahr in die Weltmeere gelangen. Bezogen auf den regionalen Maßstab (ABB. 4a; Eutrophierung von Süßwasser-Systemen) sollten nicht mehr als 6,2 Tg P/Jahr auf erodierbare Böden ausgebracht werden.

Auch bei Stickstoff ist eine differenzierte Analyse notwendig: Die deutliche Überschreitung der Systemgrenze beruht auf den Stickstoffeinträgen aus landwirtschaftlich intensiv genutzten Gebieten – ähnlich wie bei Phosphor – in Nordamerika, Europa sowie im südlichen und östlichen Asien (ABB. 4b). Eine Umverteilung der Stickstoffeinträge könnte in einigen Regionen die Ernährungssituation verbessern, in anderen (vor allem in den Industrie- und Schwellenländern) die regionale Überschreitung der Systemgrenzen zurückfahren.

Der massive Eintrag von Stickstoff und Phosphor führt zur Anreicherung in und Veränderung von Ökosystemen an Land, im Wasser und im Meer. In einigen Küstengewässern haben sich durch starken Sauerstoffmangel bereits „Todeszonen" ausgebildet.

Landnutzungsänderungen: Die planetare Grenze für die Biosphären-Intaktheit zieht die Begrenzung von Landnutzungsänderungen in allen Lebensraumtypen nach sich – in Wäldern, Feuchtgebieten, Savannen, Steppen usw. Landnutzungsänderungen gelten als Haupttreiber für den gegenwärtigen Verlust von Biodiversität, beeinflussen außerdem die biogeochemischen Flüsse und den Wasserkreislauf. Die Grenze für die Landnutzungsänderungen selbst bezieht sich hier jedoch wesentlich auf die Klima-Regulationskraft. Dies betrifft vor allem die Wälder in den Tropen, den gemäßigten Breiten und der borealen Zone (ABB. 4c). Global liegt die Waldbedeckung mit 62 Prozent deutlich unterhalb der Sicherheitsgrenze von 75 Prozent und befindet sich im riskanten Unsicherheitsbereich.

Süßwassernutzung: Um die Funktionalität der regionalen Fluss-Ökosysteme durch die Wasserentnahme nicht zu gefährden, werden hier neben der globalen Sicherheitsgrenze (Wasserentnahme von 4.000 km³/Jahr) Werte für regionale Sicherheitsgrenzen genannt, die an die Wasserführung bei Niedrig-, Normal- und Hochwasser angepasst sind. Die Analyse zeigt, dass in vielen Flussgebieten die Wasserressourcen bereits deutlich übernutzt sind (ABB. 4d). Der Wasserkreislauf ist darüber hinaus eng mit den Auswirkungen des Klimawandels verknüpft.

ABB. 4:

GLOBALE VERTEILUNGEN UND AKTUELLER STATUS DER INDIKATOREN FÜR **A** BIOGEOCHEMISCHE FLÜSSE – PHOSPHOR, **B** BIOGEOCHEMISCHE FLÜSSE – STICKSTOFF, **C** LANDNUTZUNGSWANDEL UND **D** SÜSSWASSERNUTZUNG

A   Phosphor

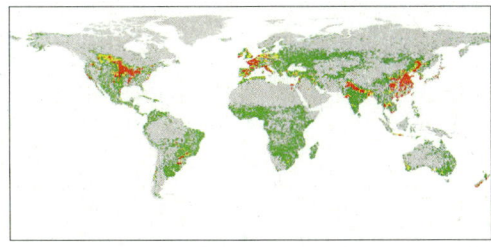

B   Stickstoff

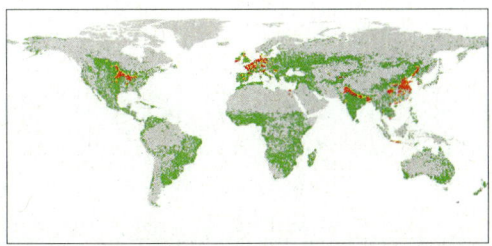

C   Landnutzungs-
wandel

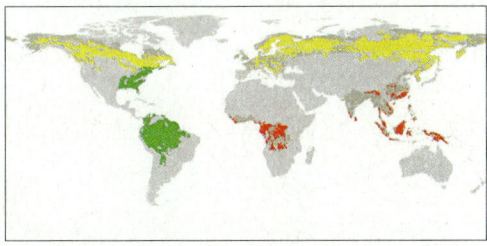

D   Süßwasser-
nutzung

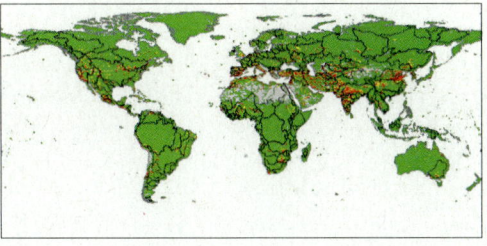

Grün gefärbt sind die Bereiche innerhalb des sicheren Handlungsraums, gelb sind Gebiete innerhalb der Unsicherheitszone, und rot gekennzeichnet sind die Regionen in der Hochrisikozone.
Quelle: Steffen et al. (2015).

Atmosphärischer Aerosolgehalt: Aerosole sind gesundheitsschädlich und verursachen jährlich mehrere Millionen Todesfälle. Die planetare Sicherheitsgrenze für den Aerosolgehalt bezieht sich auf den Einfluss der Aerosole auf das regionale Zusammenspiel von Ozean und Atmosphäre, da sie u.a. die Wolkenbildung und atmosphärische Zirkulation beeinflussen. Eine Fallstudie setzt sich mit dem Aerosolgehalt über dem indischen Subkontinent auseinander, der zur Abschwächung des Monsuns mit der Folge größerer Trockenheit in Südasien führen könnte. Die Ursachen liegen in der Verbrennung fossiler Brennstoffe und von Biotreibstoffen.

Einführung neuer Substanzen und Lebensformen: Künstlich erzeugte oder durch menschliche Aktivitäten erst mobilisierte natürliche Substanzen unterschiedlichster Form und Zusammensetzung können globale Auswirkungen haben, wenn sie langlebig sind und Erdsystemprozesse beeinflussen. Ein bekanntes Beispiel sind die Fluorchlorkohlenwasserstoffe, die die Ozonschicht schädigen, aber auch Schwermetalle, radioaktive Abfälle, Mikroplastik oder langlebige organische Schadstoffe wie DDT (Dichlordiphenyltrichlorethan). Sie können Organismen durch Vergiftungen, genetische Schäden oder die Minderung der Fertilität schädigen und ganze Ökosysteme in Mitleidenschaft ziehen. Die steigende Produktion, der Handel und der Konsum einschließlich der massiven Abfälle von chemischen Produkten führt dazu, dass hunderttausende neuer Substanzen weltweit im Umlauf sind – mit der Gefahr, dass sie sich im großen Maßstab anreichern und möglicherweise irreversible Auswirkungen erst spät erkannt werden. Eine Festlegung globaler Indikatoren und Sicherheitsgrenzen existiert noch nicht; vorsorgendes Agieren wäre äußerst ratsam.

3.3 Herausragende Bedeutung: Klima und Biodiversität

Die Analyse der Wechselwirkungen zwischen den verschiedenen Erdsystemprozessen lässt den Schluss zu, dass Klimawandel und Biosphären-Intaktheit von herausragender systemischer Bedeutung und mit allen anderen planetaren Grenzen eng verknüpft sind. Große Veränderungen von Klima oder Biosphäre würden schon für sich genommen ausreichen, um den Zustand des Systems Erde wesentlich zu verändern. Der Wechsel zwischen verschiedenen Erdzeitaltern ist oft durch drastische Wandlungen des Klimas oder der Biosphäre (oder von beiden) charakterisiert. Die übrigen planetaren Grenzen sind zwar oft bedeutsam für das Wohlergehen menschlicher Gesellschaften und können sich sehr negativ auf Klima und Biosphäre auswirken, verändern für sich genommen aber nicht den Zustand des gesamten Planeten.

Das Klima gibt die Rahmenbedingungen für das Leben auf der Erde vor. Die gegenwärtigen Temperaturen und Druckverhältnisse auf der Erde ermöglichen das gleichzeitige Auftreten der drei Phasen des Wassers, wobei Eis und Wasserdampf entscheidende Rollen bei Rückkopplungseffekten im Klimasystem spielen. Die Temperaturverteilung nach Breitengraden, über Land und Wasser sowie innerhalb der Ozeane treibt wesentliche Zirkulationsprozesse im Meer und in der Atmosphäre an. Davon werden die Verbreitungsmuster von Arten, Struktur und Funktion von Ökosystemen und biogeochemische Flüsse gesteuert.

Die Biosphäre ist die Summe aller Ökosysteme einschließlich der sie besiedelnden Organismen. Diese bestimmen entscheidend den Zustand des Erdsystems, regulieren Stoff- und Energieflüsse und die Reaktionsfähigkeit auf allmähliche oder plötzliche Veränderungen. Eine hohe Biodiversität stärkt die Resilienz von Ökosystemen im Meer und an Land. Sie sichert damit auch die Widerstandskraft des Erdsystems gegen Veränderungen in den übrigen planetaren Grenzen. Die genetische Vielfalt liefert die Basis für die Aufrechterhaltung der Funktionen und die Zukunftsfähigkeit der Biosphäre.

Alle Erdsystemprozesse sind integrative Teile eines komplexen Systems mit wechselseitigen Beeinflussungen (ABB. 5). Diese Wechselwirkungen systematisch und quantitativ zu erfassen, entzieht sich weitgehend dem aktuellen Forschungsstand, aber das Erdsystem agiert in einem klar definierten Status, innerhalb dessen die Prozesse und ihre Wechselwirkungen verstärkende oder schwächende Rückkopplungen auslösen. Deshalb müssen für eine nachhaltige Entwicklung stets verschiedene interagierende Umweltprozesse gemeinsam betrachtet werden.

ABB. 5:
INTERAKTIONEN ZWISCHEN DER VERÄNDERUNG DER BIOSPHÄREN-INTAKTHEIT UND DEN ANDEREN ERDSYSTEMPROZESSEN

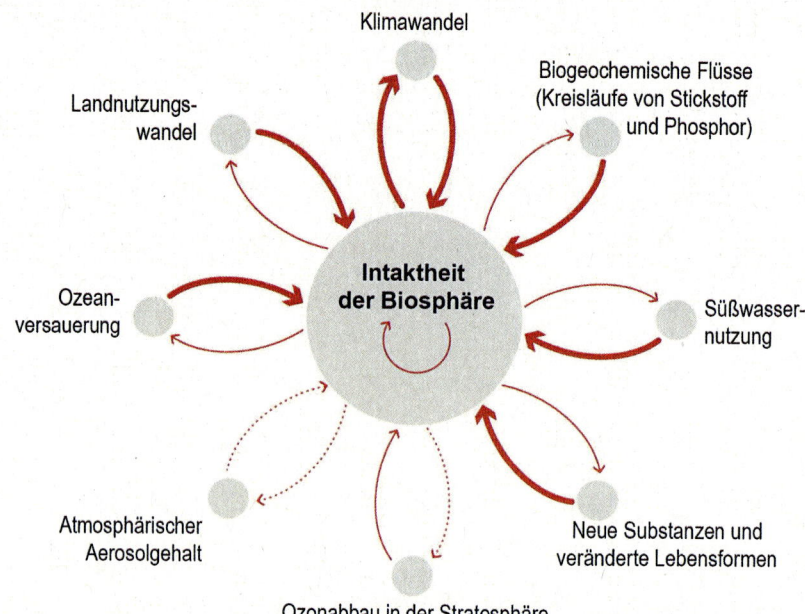

In allen Fällen zeigen die Pfeile positive Rückkopplungen an, d.h. jeder Prozess, der aus dem Sicherheitsbereich gelangt, treibt auch andere Prozesse in Richtung Risikobereich. Dicke Pfeile stehen für starke, unmittelbare Effekte, dünne Pfeile für schwächere Wechselwirkungen und gestrichelte Pfeile für schwache oder unsichere und komplexe Effekte.

Quelle: Steffen et al. (2015), Supplementary Materials.

3.4 Planetare Grenzen und nachhaltige Entwicklung

Das Konzept der planetaren Grenzen identifiziert und quantifiziert mit naturwissenschaftlichen Methoden Risiken für den Erhalt der Lebensgrundlagen auf der Erde. Es liefert jedoch keinen Masterplan dafür, wie es der Menschheit gelingen kann, innerhalb eines sicheren Handlungsraums zu bleiben bzw. die Situation nicht weiter zu verschlechtern. Dies hängt vom gesellschaftlichen Diskurs und politischen Entscheidungen ab (Gerten & Schellnhuber 2015). Die planetaren Grenzen liefern dafür aber den biophysikalischen Orientierungsrahmen. Steffen et al. (2015) skizzieren die Anforderungen an die wissenschaftliche Verfeinerung dieses Konzepts: Die aktuelle Charakterisierung der planetaren Grenzen ist ein Schritt in einem langfristigen Prozess wissenschaftlichen Erkenntnisgewinns, um den Diskurs über globale Ziele und Wege für eine nachhaltige Entwicklung zu fördern und mit entsprechenden Informationen zu unterstützen.

Kippelemente

4

1. EINE AUSWAHL AN BISLANG IDENTIFIZIERTEN KIPPELEMENTEN
2. EIN GLOBALER KIPPPUNKT?

In einem System bezeichnet der Begriff „Kipppunkt" eine kritische Grenze, an der eine kleine Störung den Zustand des Systems gravierend verändern kann. Auch im System Erde gibt es Kippelemente, also wesentliche Komponenten des Systems (Subsysteme von überregionaler Größe), die Kipppunkte aufweisen, deren Überschreiten eine qualitative Veränderung nach sich zieht (Lenton et al. 2008). Dies hat oft Auswirkungen auf das Gesamtsystem bzw. auf die Lebensbedingungen großer Teile der Menschheit. Menschliche Eingriffe in das System können selbstverstärkende Prozesse auslösen, die oft zu einem sprunghaften, unumkehrbaren Überschreiten eines Kipppunktes führen. Eine ausführliche Darstellung dieser „Achillesfersen im Erdsystem" findet sich auf der Internetseite des Potsdam-Instituts für Klimafolgenforschung (ABB. 6).

ABB. 6:
KIPPELEMENTE IM ERDSYSTEM

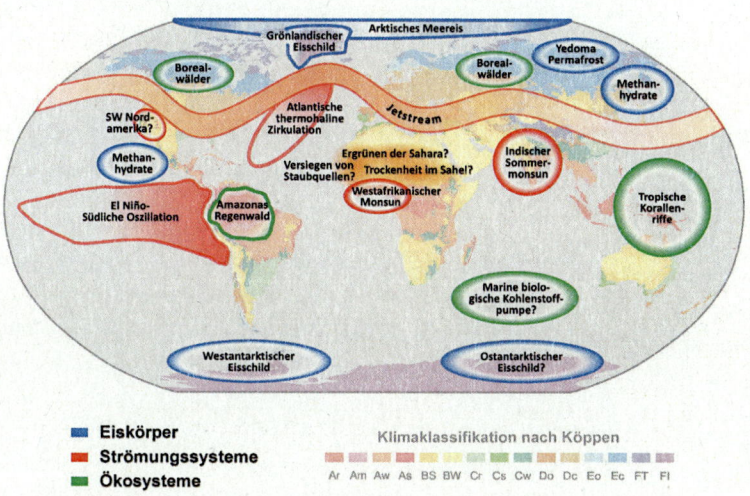

Eiskörper
Strömungssysteme
Ökosysteme

Klimaklassifikation nach Köppen

Ar Am Aw As BS BW Cr Cs Cw Do Dc Eo Ec FT Fl

Die wichtigsten Kippelemente im Erdsystem lassen sich in drei Klassen einteilen: schmelzende Eiskörper, sich verändernde Strömungssysteme von Ozeanen und Atmosphäre und bedrohte, überregional bedeutsame Ökosysteme.

Quelle: www.pik-potsdam.de/services/infothek/kippelemente.

Schmelzende Eismassen liefern ein Paradebeispiel für einen positiven Rückkopplungseffekt: Das leuchtend weiße Eis hat eine kühlende Rückstrahlwirkung, während die dunkleren Oberflächen des frei werdenden Gesteins oder des Meeres hingegen mehr Sonnenwärme aufnehmen und dadurch das weitere Abtauen des Eises beschleunigen. Dieser Mechanismus wird als Eis-Albedo-Rückkopplung beschrieben.

Das stabile Muster von Luft- und Meeresströmungen ist – wie die Klimageschichte der Erde belegt – nicht unveränderlich. Eine Neuorganisation der Strömungsmuster hat stets großräumige Auswirkungen.

4.1
Eine Auswahl
an bislang
identifizierten
Kippelementen

Zu den wichtigsten Kippelementen im System Erde zählen:

- **Schmelzen des arktischen Meereises:** Sowohl Ausdehnung als auch Dicke des schwimmenden Eises nehmen seit Jahrzehnten rapide ab. Es ist damit zu rechnen, dass die Arktis noch in diesem Jahrhundert im Sommer eisfrei sein wird. Die Erwärmung in der Arktis erfolgt etwa doppelt so schnell wie im globalen Durchschnitt.

- **Der Verlust des Grönland-Eises:** Der Eisverlust in Grönland beschleunigt sich durch ins Meer fließende Gletscher und verstärktes Abschmelzen im Sommer. Verliert der Eisschild an Höhe, gerät seine Oberfläche in tiefere, wärmere Luftschichten als zuvor, was das Abschmelzen verstärkt. Der Kipppunkt für den vollständigen Eisverlust könnte bei weniger als 2 Grad Erderwärmung erreicht werden und langfristig einen Meeresspiegelanstieg von sieben Metern auslösen.

- **Methan-Ausgasung aus den Ozeanen:** In den Meeressedimenten der Arktis sind große Mengen an Methan als Methanhydrat eingelagert. Durch Wärmezufuhr bauen sich Methanhydrate ab, Methan steigt als hoch wirksames Treibhausgas in die Atmosphäre auf.

- **Auftauen von Dauerfrostböden:** Durch das Auftauen der arktischen Permafrostböden und die nachfolgende Zersetzung von dort über Jahrtausende eingelagertem organischem Material durch Mikroorganismen werden riesige Mengen an Kohlendioxid und Methan freigesetzt.

- **Abschwächung der atlantischen thermohalinen Zirkulation:** Schmelzendes Eis im hohen Norden kann das Absinken kalten, schweren Salzwassers verringern. Dadurch könnte sich das Förderband des Atlantiks, in dem warmes Oberflächenwasser nach Norden und kaltes Tiefenwasser nach Süden transportiert wird, abschwächen. Dies hätte gravierende Auswirkungen auf marine Ökosysteme und würde beispielsweise zu einer Abkühlung im Nordatlantikstrom sowie zu einem zusätzlichen Meeresspiegelanstieg an der Atlantikküste der USA führen.

- **Veränderung des Jet Streams:** Das Starkwindband in rund 10 Kilometer Höhe über den mittleren Breiten der Nordhalbkugel trennt die kalten arktischen Luftmassen von den wärmeren weiter südlich und kurbelt die Wanderung der Hoch- und Tiefdruckgebiete von West nach Ost an. Eine überproportionale Erwärmung des hohen Nordens verringert die Temperaturgegensätze und lässt die Wellen im Jet Stream länger an Ort und Stelle verharren, sodass es in den gemäßigten Breiten häufiger zu wochenlangen Hitze- und Kältewellen, Dürren und Überflutungen kommt.
- **Destabilisierung des indischen Monsuns:** Der regelmäßig auftretende Sommermonsun versorgt Indien mit lebensspendendem Regen. Kondensiert die Feuchtigkeit der Meeresluft über Land, steigen die Luftmassen aufgrund freiwerdender Wärme auf und ziehen dadurch erneut feuchte Luft vom Meer heran. Dieses sensible System kann durch Luftverschmutzung, Landnutzungsänderungen und Klimawandel so geschädigt werden, dass es wechselweise zu abgeschwächten und verstärkten Monsunereignissen kommt – was extreme Dürren und Flutkatastrophen zur Folge hätte.
- **Störung des El Niño-Phänomens:** Wenn die Passatwinde im Pazifik erlahmen, wird das warme Oberflächenwasser vor Südamerika nicht mehr in Richtung Südostasien getrieben. Damit wird das Aufsteigen kalten Tiefenwassers vor der Küste Südamerikas verhindert. Dieses „El Niño" genannte Phänomen tritt alle zwei bis sieben Jahre auf und kann im Zuge des Klimawandels häufiger werden. Dabei verändern sich jeweils die globalen Niederschlagsmuster, z.B. treten Dürren in Australien und Südostasien auf, während es an der amerikanischen Westküste heftiger regnet.
- **Umwandlung des Amazonas-Regenwaldes:** Fortschreitende Abholzung und Brände und ein Rückgang der Niederschläge im Zuge des Klimawandels könnten die Existenz des gesamten Amazonas-Regenwaldes in Gefahr bringen. Eine Umwandlung nach Überschreiten einer kritischen Grenze in einen saisonalen Trockenwald oder gar eine Grassteppe mit der Vernichtung dieser bedeutenden Kohlenstoffsenke hätte vielfältige, grundlegende Auswirkungen auf das Weltklima. Zugleich ginge damit ein bedeutender Teil der weltweiten Biodiversität unwiederbringlich verloren.
- **Abschwächung der marinen Kohlenstoffpumpe:** Etwa 40 Prozent der bisherigen anthropogenen CO_2-Emissionen wurden von den Ozeanen aus der Atmosphäre aufgenommen. Algen nutzen den Kohlenstoff zum Wachstum, nach ihrem Absterben sinkt er auf den Meeresgrund. Erwärmung, Ozeanversauerung und häufigere Sauerstoffarmut könnten die Funktion dieser biologischen Kohlenstoffpumpe einschränken.

- **Zerstörung von Korallenriffen:** Die Erwärmung der Ozeane forciert die in den letzten Jahren vermehrt auftretende „Korallenbleiche", bei denen die Korallenpolypen die in ihnen lebenden Algen abstoßen und dann oft absterben. Auch die Ozeanversauerung schädigt Korallenriffe massiv. Sogar bei einer globalen Erwärmung von weniger als 2 °C muss mit dem Verlust vieler Riffe gerechnet werden. Eine Erholung kollabierter Riffe nimmt mehrere tausend Jahre in Anspruch (www.pik-potsdam.de/services/infothek/kippelemente).

4.2 Ein globaler Kipppunkt?

Nicht nur Teilsysteme der Erde können abrupt und irreversibel in einen anderen Zustand wechseln, wenn kritische Schwellenwerte überschritten werden. Auch das gesamte Ökosystem Erde kann an einen solchen Kipppunkt gelangen. Dies ist auf zwei Wegen denkbar: Entweder führen mehrere Ereignisse, die in kleinerem Maßstab ablaufen, letztlich zu einer Zustandsveränderung des globalen Systems, oder aber global wirksame Kräfte verändern das Gesamtsystem und ziehen dann zahlreiche Veränderungen auf lokalen Ebenen nach sich. Solche Zustandswechsel hat es in der Erdgeschichte mehrfach gegeben, zuletzt am Übergang von der jüngsten Eiszeit zu der Zwischeneiszeit, in der wir heute leben. Noch gravierender waren die bereits erwähnten fünf großen Massenaussterben. Alle diese Ereignisse liefen – verglichen mit der Zeitspanne der Ära, die durch sie beendet wurde – in kurzer Zeit ab und gingen auf global wirksame Kräfte mit Veränderungen des Klimas, der Atmosphäre und der Ozeane zurück. Das Ergebnis war stets eine deutlich veränderte Biosphäre. Heute sind die treibenden Kräfte globaler Veränderungen das Wachstum der Weltbevölkerung und der wachsende Ressourcenverbrauch, die allem anderen wie dem Klimawandel zugrunde liegen. Beispielsweise sind bereits fast die Hälfte der gesamten Landfläche in urbane oder landwirtschaftlich genutzte Landschaften umgewandelt worden. Legt man die Situation im lokalen Maßstab zugrunde, um zu beurteilen, wie nah wir an einem globalen Kipppunkt sind, kann man z.B. die Beobachtung heranziehen, dass bei einer Veränderung der Fläche einer Landschaft von 50 bis 90 Prozent ein Kipppunkt erreicht ist: Auch unberührte Teile der Landschaft erfahren dann massive Veränderungen. Übertragen auf das Ökosystem Erde folgt daraus, dass wir der kritischen Grenze hinsichtlich der Umgestaltung der Landfläche sehr nah sind. Insgesamt legt der Vergleich mit früheren globalen Kippereignissen nahe, dass ein globaler Kipppunkt in den nächsten Jahrzehnten bis Jahrhunderten erreicht wird, wenn er nicht schon jetzt überschritten ist. Damit würde sich die Biosphäre grundlegend verändern, was auch bedeutete, dass viele Ökosystem-Dienstleistungen künftig nicht mehr wie bisher zur Verfügung stehen würden (Barnosky et al. 2012).

Das Anthropozän

5

1. INDIKATOREN UND ZEITLICHE EINGRENZUNG
2. DAS ANTHROPOZÄN UND DIE „GROSSE BESCHLEUNIGUNG"
3. KRITIK AM ANTHROPOZÄN-KONZEPT

Zu Beginn unseres noch jungen Jahrtausends kam ein Begriff in die Welt, der bereits eine beeindruckende Karriere hinter sich hat, weil er in neuer Dimension sehr nachdenklich über den Einfluss des Menschen auf den Planet Erde und die damit verbundenen Folgen macht, von Vertretern unterschiedlicher Wissenschaftsdisziplinen äußerst kontrovers diskutiert wird und dabei auch zum Leitthema ganzer Tagungen und sogar großer Kunstprojekte geworden ist: das Anthropozän.

**5.1
Indikatoren
und zeitliche
Eingrenzung**

Das Anthropozän umschreibt eine neue erdgeschichtliche Epoche, das Zeitalter des Menschen. Bislang wird die gegenwärtige Epoche – die rund 12.000 Jahre seit dem Ende der jüngsten Eiszeit – als Holozän bezeichnet. Aus der Erkenntnis heraus, dass mittlerweile der Mensch die stärkste gestaltende Kraft im System Erde ist, verhalf der niederländische Meteorologe und Chemie-Nobelpreisträger Paul J. Crutzen dem Konzept des „Anthropozän" zum Durchbruch. In einem von Christian Schwägerl geführten FAZ-Interview beschreibt er, wie es dazu kam:

„Das war bei einem Treffen von Wissenschaftlern des Internationalen Geosphären-Biosphären-Programms im Jahr 2000 in Mexiko. Der Konferenzleiter referierte immer über das Holozän, die Erdepoche, in der wir der bisherigen Zeitrechnung der Geologie zufolge derzeit offiziell leben. Nach einer Weile verlor ich die Geduld und unterbrach ihn. Ich sagte, wir lebten nicht mehr im Holozän, sondern im Anthropozän. Da war es plötzlich ganz still im Saal. In der Kaffeepause gab es dann kein anderes Thema als das Anthropozän" (Schwägerl 2013).

Crutzen zählt in seiner sehr häufig zitierten kurzen Vorstellung des Anthropozän-Konzepts in *Nature* (2002) eine Auswahl von Belegen für die gravierenden Veränderungen des Systems Erde durch den Menschen auf:

- Die Weltbevölkerung hat sich innerhalb von drei Jahrhunderten auf über 6 Milliarden Menschen verzehnfacht und wird noch im

Laufe dieses Jahrhunderts mindestens 10 Milliarden Menschen umfassen.

- 1,4 Milliarden Methan erzeugende Rinder werden vom Menschen gehalten.
- 30-50 Prozent der Landfläche sind von der Menschheit umgestaltet worden.
- Die tropischen Regenwälder und mit ihnen unzählige Arten werden rasant vernichtet und tragen zum Anstieg des CO_2-Gehalts in der Atmosphäre bei.
- Flusssysteme werden unter anderem durch Staudämme umgestaltet, und mehr als die Hälfte des verfügbaren Süßwassers wird genutzt.
- Über 35 Prozent der Primärproduktion wird von der Fischerei-Industrie aus den kontinentalen Schelfmeeren der gemäßigten Zonen entnommen.
- Der Energieverbrauch hat sich im 20. Jahrhundert versechzehnfacht und führt zu jährlichen Schwefeldioxid-Emissionen von 160 Millionen Tonnen – mehr als das Doppelte der natürlichen Emissionen.
- Durch Düngemittel wird in der Landwirtschaft mehr Stickstoff eingebracht als natürlicherweise in allen terrestrischen Ökosystemen fixiert wird.
- Die Erzeugung von Stickoxiden durch die Verbrennung von fossilen Energieträgern und Biomasse übertrifft ebenfalls die natürlichen Emissionen.
- Die Verbrennung von fossilen Energieträgern und die Landwirtschaft haben zu einer gravierenden Zunahme der Konzentrationen von Treibhausgasen in der Atmosphäre geführt: Der Kohlendioxid-Gehalt ist um 30 Prozent und der Methan-Gehalt um mehr als 100 Prozent gestiegen. Damit sind alle Werte der letzten 400.000 Jahre nachweislich übertroffen, und die Konzentrationen steigen weiter an.
- Die Folgen sind u.a. saurer Regen, photochemischer Smog und die Klimaerwärmung, die im Laufe des 21. Jahrhunderts nach Angaben des Intergovernmental Panel on Climate Change (IPCC) 1,4 bis 5,8 °C betragen wird.

Die Umgestaltung der Landfläche der Erde, die Veränderung der Atmosphäre und die Eingriffe in die Ozeane beschleunigen sich mit der wachsenden Zahl der Menschen und mit der wachsenden Ressourcenintensität ihres Lebensstils.

Seit dem Ende des 18. Jahrhunderts lässt sich in der Luft, die im polaren Eis eingeschlossen ist, ein globaler Anstieg der Treibhausgase belegen. So könnte man diesen Zeitpunkt als Beginn des Anthropozäns festlegen.

Waters et al. (2016) stellen eine Reihe von Belegen dafür zusammen, dass die Menschheit mit zunehmender Geschwindigkeit die Erde verändert, und zwar mit signifikanten Auswirkungen auf langfristige geologische Prozesse. Entscheidend für die Beurteilung, ob eine neue geologische Epoche nach dem Holozän begonnen hat, ist die stratigraphische Nachweisbarkeit in Sedimenten und im Eis mit deutlichen Unterschieden zum Holozän. Zu den anthropogenen Ablagerungen zählen „Technofossilien" wie elementares Aluminium, Beton oder Plastik. Weltweit sind außerdem verschiedenartige Kohlenstoff-Partikel (Flugasche) als Folgeprodukte der Verbrennung fossiler Energieträger verteilt. Weiterhin sind starke anthropogene Sedimentflüsse zu registrieren, etwa durch Erosion in Folge von Entwaldung. Geochemisch ist die Anreicherung polyaromatischer Kohlenwasserstoffe (z.B. PCB) und von Pestizidrückständen belegbar, aber auch von Industriemetallen und Seltenen Erden. Die Verdoppelung des Eintrags von Stickstoff und Phosphor im zurückliegenden Jahrhundert lässt sich in Seesedimenten und im grönländischen Eis nachweisen. Die Atomwaffentests in der zweiten Hälfte des 20. Jahrhunderts haben ebenfalls ihre Spuren (Radionuklide) hinterlassen. Die Erderwärmung in Höhe von 0,6 bis 0,9 °C im Zeitraum zwischen 1900 und 2015 überschreitet bereits die Bandbreite des Holozäns während der letzten 14.000 Jahre; ähnlich verhält es sich mit dem Anstieg des Meeresspiegels um durchschnittlich rund 3,2 mm pro Jahr. Seit 1500 liegen die Aussterberaten von Arten deutlich über den natürlichen „Hintergrundraten", ab dem 19. Jahrhundert stiegen sie weiter deutlich an; außerdem ist der weltweite Austausch von Arten mit entsprechenden biologischen Invasionen und der Nutztierhaltung ohne Vorbild in der Erdgeschichte. Waters et al. (2016) verzeichnen unübersehbare geologische Auswirkungen der menschlichen Einflüsse in vielen Bereichen seit Mitte des 20. Jahrhunderts und lassen hier mit der „Großen Beschleunigung" das eigentliche Anthropozän beginnen, allerdings mit Vorläufern in der Ausbreitung von Landwirtschaft und Entwaldungen, dem Austausch von Arten seit der Entdeckung Amerikas und der Industriellen Revolution seit etwa 1800.

5.2 Das Anthropozän und die „Große Beschleunigung"

Die „Große Beschleunigung" setzte unmittelbar nach dem Zweiten Weltkrieg etwa um das Jahr 1950 herum ein (Steffen et al. 2011): Statistiken zu den unterschiedlichsten Themenfeldern belegen eindrucksvoll die rapide Vervielfachung der wirtschaftlichen Aktivitäten und des Konsums – z.B. steigen der Papierverbrauch, der internationale Tourismus, die weltweite Zahl der Telefone oder der Wasserverbrauch seither exponentiell an, zunächst ganz wesentlich getrieben durch die wirtschaftlichen Aktivitäten in den westlichen Industrieländern. Parallel dazu lassen sich die Veränderungen im System Erde belegen: Die Konzentrationen der Treibhausgase Kohlendioxid, Lachgas und Methan, die Überfischung der Meere oder der Verlust tropischer Wälder zeigen ähnliche „Wachstumsraten".

Alle sozialen und wirtschaftlichen Prozesse sind mit anderen Teilen des Erdsystems wie dem Klima und den Ozeanen gekoppelt. Insofern kann man im globalen Maßstab durchaus von einem sozial-ökologisch-geophysikalischen System sprechen. Die Konsequenz daraus lautet, dass sich im globalen Maßstab die sozialen und ökonomischen Prozesse – die sich u.a. im globalisierten Handel, der Finanzwelt und der weltweiten Kommunikation manifestieren – signifikant auf andere Teile des Systems wie die Atmosphäre und die Biosphäre auswirken. Daraus lässt sich unmittelbar die Erkenntnis ableiten, dass die Erde nur dann als lebenswerter Ort für zukünftige Generationen erhalten bleiben kann, wenn die Menschheit sich aktiv und verantwortungsbewusst dafür einsetzt (Steffen et al. 2011).

5.3 Kritik am Anthropozän-Konzept

Das Anthropozän, zunächst als naturwissenschaftliche Charakterisierung der globalen Folgen menschlicher Aktivitäten auf das System Erde eingeführt, wird in der Diskussion um nachhaltige Entwicklung nicht von allen Akteuren akzeptiert. Zwar verweisen die Autoren, die sich auf das Anthropozän beziehen, ausdrücklich darauf, dass es eine primäre gesellschaftliche Aufgabe ist, in den aufscheinenden Sicherheitsgrenzen im System Erde einen Orientierungsrahmen für nachhaltige Entwicklung zu erkennen (Steffen et al. 2015). Trotzdem wird im wissenschaftlichen Diskurs die Frage aufgeworfen, ob Anthropozän und nachhaltige Entwicklung nicht sogar ein Gegensatzpaar darstellen – nämlich dann, wenn aus der Erkenntnis, dass wir die Erde umgestalten können, Macht- und Kontrollfantasien erwachsen, die davon ausgehen, dass wir etwa mit Hilfe von Geo-Engineering die Erde nach unseren Vorstellungen geplant zum Positiven umgestalten könnten. Nachhaltige Entwicklung hat hingegen zum Ziel, menschliche Aktivitäten in Einklang mit dem natürlichen System zu bringen (Jahn et al. 2015). Nicht selten fällt im Zusammenhang mit dem Anthropozän der Begriff der Hybris. Eine andere Gefahr beschreibt Jacquet (2013): Wenn die Menschheit als geologische Kraft wahrgenommen wird, die ihre eigenen Lebensgrundlagen unausweichlich zerstört, könnte dies jede positive Handlungsfähigkeit lähmen – Jacquet spricht vom Anthropocebo-Effekt (analog zum Placebo- bzw. Nocebo-Effekt).

Jahn et al. (2015) beschreiben in ihrer abwägenden Betrachtung die Rolle der Wissenschaft im Anthropozän:

„Die Wissenschaft darf nicht nur nach den ‚planetary boundaries' fragen. Sie muss vielmehr, in einer umfassenderen Bestimmung dessen, worauf ‚anthropos' verweist, auch die gesellschaftlichen, kulturellen und politischen Grenzen (und Potenziale) ausmessen und dabei einen differenzierenden Blick auf Produktions-, Geschlechter- und Machtverhältnisse richten. Es gilt zu verstehen, was Macht und Ohnmacht bei der ‚Weltgestaltung' bedeuten, wie sich das Bewusstsein, eine geologische Kraft zu sein, gesellschaftlich und individuell auswirkt und wie und zu welchen Zwecken die Rede vom Anthropozän in der politischen, zivilgesellschaftlichen, kulturellen und wissenschaftlichen Arena verwendet wird. Den Sozial- und Geisteswissenschaften kommt damit eine neue und mehr denn je auch zeitkritische Bedeutung zu. Sie müssen insbesondere die materiellen und mentalen Voraussetzungen in ihren sozialen und ökologischen Dimensionen untersuchen, die in der geschichtlichen Dynamik das weltgestaltende oder -zerstörende ‚Anthropos' überhaupt erst erzeugt haben."

Ökosystem-Dienstleistungen

6

1. GLIEDERUNG VON ÖKOSYSTEM-DIENSTLEISTUNGEN
2. BEWERTUNG VON ÖKOSYSTEM-DIENSTLEISTUNGEN

Die Existenz und das Wohlergehen der Menschheit sind in hohem Maße von funktionierenden Ökosystemen abhängig. Ein Ökosystem ist ein dynamischer Komplex von Lebensgemeinschaften (Pflanzen, Tieren, Mikroorganismen) und der unbelebten Umwelt, die zusammen eine funktionelle Einheit bilden. Die Vielfalt der Ökosysteme ist Teil der Biodiversität, der Vielfalt des Lebens auf unserem Planeten. Menschen profitieren unablässig von den Leistungen der Ökosysteme.

6.1 Gliederung von Ökosystem-Dienstleistungen

Mit dem Erscheinen des Millennium Ecosystem Assessment im Jahr 2005 fand das Konzept der Ökosystem-Dienstleistungen breiten Eingang in die Nachhaltigkeitsdebatte. Die Ökosystem-Dienstleistungen werden hier folgendermaßen untergliedert:

- Versorgungsleistungen (Ressourcen) umfassen die Produkte, die Menschen direkt aus den Ökosystemen erhalten, also beispielsweise Nahrung, Brennmaterial, Fasern für Textilien, Trinkwasser und genetische Ressourcen.
- Regulierende Leistungen gewähren einen Nutzen aus ökosystemaren Prozessen, die u.a. für die Reinhaltung von Luft und Wasser, die Regulierung des Klimas, die Verhinderung von Erosion oder die Kontrolle über Krankheitserreger sorgen.
- Kulturelle Leistungen beschreiben den Nutzen für Geist und Erkenntnis des Menschen, für Besinnung, Erholung und ästhetische Erfahrungen.
- Unterstützende Leistungen sind für alle anderen Ökosystem-Dienstleistungen notwendige Voraussetzung. Sie umfassen z.B. funktionierende Nährstoffkreisläufe, Bodenbildung, die Produktion von Sauerstoff und die Primärproduktion, also vor allem das Pflanzenwachstum.

Die Lebensqualität von Menschen ist unmittelbar von der Qualität der Ökosystem-Dienstleistungen abhängig: Sicherheit, Zugang zu lebensnotwendigen Ressourcen, Gesundheit, soziale Beziehungen und die individuelle Freiheit leiden massiv, wenn Ökosystem-Dienstleistungen beeinträchtigt werden (Millennium Ecosystem Assessment 2005).

6.2 Bewertung von Ökosystem-Dienstleistungen

In der aktuellen Forschungsdebatte bemüht man sich immer stärker, den ökonomischen Wert von Ökosystem-Dienstleistungen zu beziffern. Damit soll der Natur jedoch ausdrücklich nicht ihr Eigenwert abgesprochen werden. Vielmehr soll dieses Konzept verdeutlichen, dass menschliches Leben und Wirtschaften von der Natur abhängig ist und sie nutzt. Die Leistungen der Natur sind aber in den Märkten nicht erfasst oder angemessen in Wert gesetzt und spielen daher eine viel zu geringe Rolle bei politischen Entscheidungen. Konrad & Heinrich (2015) erläutern dies folgendermaßen:

„Viele der Leistungen lassen sich allerdings in ihrer Gesamtheit kaum erfassen, geschweige denn exakt messen. Entsprechend schwierig gestaltet sich daher auch die Frage, wie sich den einzelnen Leistungen ein monetärer Wert zuordnen lässt. Dies ist jedoch wiederum eine wichtige Grundlage, um in Richtung Nachhaltigkeit steuernde Anreizsysteme in unsere Wirtschafts- und Finanzpraktiken zu integrieren. Hierbei geht es nicht darum, Biodiversität und ihre Leistungen mit einem Preisschild zu versehen und damit zu handelbaren Gütern in der Privatwirtschaft zu machen. Vielmehr sollte das Ziel sein, die bislang vernachlässigten externen Kosten in wirtschaftliche Gesamtbilanzen einzubinden. Nur auf einer solchen Grundlage können die richtigen politischen Entscheidungen für eine nachhaltige Zukunft getroffen werden."

Vor diesem Hintergrund haben Costanza et al. bereits 1997 erstmals eine Kalkulation des jährlichen Gesamtwertes von Ökosystem-Dienstleistungen in Höhe von durchschnittlich 33 Billionen Dollar publiziert, und zwar auf der Basis aller verfügbaren Daten. Diese Abschätzung wurde als eine vorsichtige Annäherung vorgenommen, in der explizit darauf hingewiesen wurde, dass viele Leistungen entweder noch gar nicht bekannt oder nicht quantifizierbar sind, sodass der tatsächliche Wert als noch weit höher anzusehen ist. Das Weltsozialprodukt betrug zu jener Zeit 18 Billionen Dollar.

Eine umfassende Aktualisierung auf breiter Datenbasis ergab – bezogen auf das Jahr 2011 – eine Einschätzung des globalen Gesamtwertes von Ökosystem-Dienstleistungen in Höhe von 125 Billionen Dollar (bei einem Weltsozialprodukt von 75 Billionen Dollar). Der jährliche Verlust von Ökosystem-Dienstleistungen – im Wesentlichen bedingt durch die Abnahme besonders wertvoller Ökosysteme wie tropischer Wälder, Feuchtgebiete und Korallenriffe – beträgt zwischen 4,3 und 20,2 Billionen Dollar jährlich (Costanza et al. 2014).

In der TEEB-Studie (2010) sind die wirtschaftlichen Werte verschiedener Ökosystem-Dienstleistungen ausführlich untersucht bzw. zusammengestellt worden. Dort wird z.B. allein der Wert der jährlichen Bestäubungsleistung von Insekten, hauptsächlich Bienen, mit jährlich 153 Milliarden Euro beziffert.

Der ökologische Fußabdruck
7

1. ÖKOLOGISCHER FUSSABDRUCK UND BIOKAPAZITÄT
2. OVERSHOOT

7.1 Ökologischer Fußabdruck und Biokapazität

Der ökologische Fußabdruck ist ein Konzept, das dazu dient, abzuschätzen, ob die Menschheit mit dem derzeitigen Ausmaß ihres Ressourcenverbrauchs die ökologische Kapazität der Erde bereits langfristig übernutzt:

„Mit Hilfe des ökologischen Fußabdrucks kann verdeutlicht werden, wie viel Land- und Wasserfläche notwendig ist, um die Produktions- und Konsumaktivitäten etwa einer Stadt oder eines Landes dauerhaft aufrechtzuerhalten. Zur Berechnung des ökologischen Fußabdrucks wird der menschliche Konsum in verschiedene Kategorien (wie Ernährung, Wohnen, Transport etc.) eingeteilt und mit Hilfe statistischer Daten auf Flächenbelegungen umgerechnet. So kann zum Beispiel errechnet werden, wie viel Waldfläche benötigt wird, um den jährlichen Papierverbrauch eines Menschen in Form von Holz für die Papierherstellung zu sichern. Der ökologische Fußabdruck berücksichtigt auch, dass Abfälle und Emissionen biologisch produktive Flächen benötigen, um von der Natur wieder aufgenommen werden zu können. Einen großen Anteil machen hier Waldflächen aus, die notwendig sind, um das Kohlendioxid, welches durch die Verbrennung fossiler Energieträger in die Atmosphäre gelangt, wieder in Form von Biomasse zu binden. Mit Hilfe dieses Konzepts kann ferner abgeschätzt werden,

wie viel biologisch produktive Land- und Wasserfläche in einem Land oder auf der Erde insgesamt zur Verfügung stehen. Wenn man den ökologischen Fußabdruck mit der verfügbaren ökologischen Kapazität vergleicht, ist abzulesen, ob die Menschheit noch ökologischen Spielraum für weiteres Wachstum hat oder die natürlichen Systeme schon übernutzt" (Jäger 2007, S. 121 f.).

Dem ökologischen Fußabdruck steht die Biokapazität gegenüber: *„Die Biokapazität bemisst das Vermögen der Natur zur Herstellung von nutzbaren Ressourcen, zur Bereitstellung von Land für bebaute Flächen und zur Aufnahme von Abfällen und Reststoffen wie etwa Kohlenstoff. Die Biokapazität repräsentiert gewissermaßen die ökologische Angebotsseite, im Unterschied zum Ökologischen Fußabdruck, der für die menschliche Nachfrage steht"* (WWF 2014, S. 9).

7.2 Overshoot

Die aktuelle Situation zeigt, dass der ökologische Fußabdruck der Menschheit in den 1970er Jahren – und damals erstmals in der Menschheitsgeschichte – die Biokapazität der Erde überschritt und im Jahr 2019 bereits umgerechnet 1,75 Planeten in Anspruch nahm. Im Jahr 2015 waren es noch 1,6 Planeten. Das bedeutet, dass die Erde mittlerweile deutlich über ein Jahr und sechs Monate braucht, um den Verbrauch der Menschheit eines Jahres zu decken (www.footprintnetwork.org).

Der „Earth Overshoot Day" (Erdüberlastungstag) drückt aus, an welchem Datum im jeweiligen Jahr die natürlichen Ressourcen erschöpft sind, die – bei ausgeglichener Bilanz – für das gesamte Jahr zur Verfügung stehen. Er rückt jährlich immer weiter nach vorn: 1993 lag er auf dem 21. Oktober, 2003 auf dem 22. September, 2013 auf dem 20. August. 2019 war dieser Zeitpunkt bereits am 29. Juli erreicht. Die COVID-19-Pandemie mit ihren globalen Produktions- und Konsumeinschränkungen verschob den Erdüberlastungstag im Jahr 2020 zunächst wieder nach hinten, auf den 22. August, aber bereits für das Jahr 2021 wurde wieder der 29. Juli konstatiert. Nach dem „Earth Overshoot Day" lebt die Menschheit für den Rest des Jahres auf Kosten der Übernutzung von Ressourcen und Überlastung der Ökosysteme – also auf Kosten zukünftiger Generationen. Allein die Kohlendioxid-Emissionen aus fossiler Energie machen etwa 60 Prozent des gesamten ökologischen Fußabdruckes aus (www.overshootday.org).

Zur Veranschaulichung seien hier die Fußabdruck-Zahlen für das Jahr 2010 erläutert, die der Living Planet Report des WWF (2014) nennt: Der globale ökologische Fußabdruck betrug 18,1 Milliarden globale Hektar (gha) oder 2,6 gha pro Kopf. Die Biokapazität der Erde lag bei 12 Mrd. gha oder 1,7 gha pro Kopf. Allerdings sagen diese

Durchschnitts-Werte noch nichts über den Fußabdruck der Bevölkerungen der einzelnen Länder aus, denn der ist je nach Wohlstandslage und Lebensstil sehr unterschiedlich und in den westlichen Industrienationen besonders groß. Der ökologische Fußabdruck Deutschlands lag 2010 bei 4,56 gha pro Kopf der Bevölkerung, die deutsche Biokapazität betrug jedoch nur 1,9 gha pro Kopf. Umgerechnet verbrauchte Deutschland zu dieser Zeit demnach 2,6 Erden. Für das ökologische Defizit wird die Biokapazität anderer Länder in Anspruch genommen, große Teile des ökologischen Fußabdrucks werden also in andere Länder ausgelagert:

„Augenfällig wird dies am Beispiel der deutschen Landwirtschaft. Auf 2,2 Millionen Hektar Fläche wird allein in Südamerika Soja für die deutsche Fleischproduktion angebaut. Insgesamt importierte der deutsche Agrarhandel jährlich zwischen 2001 und 2010 Produkte von bis zu 7 Millionen Hektar aus Ländern außerhalb der EU. Deutschland, das selbst über ca. 17 Millionen Hektar landwirtschaftliche Nutzfläche verfügt, nahm dadurch noch einmal 40 Prozent der eigenen Anbauflächen anderer Länder in Anspruch. Durch den Import von Agrargütern belegt Deutschland in anderen Ländern die für den Anbau notwendige Fläche, die dort dann nicht mehr zur Verfügung steht. Die Fläche wird virtuell ‚importiert'" (WWF 2014, S. 13).

Irreversible Prozesse – Klima und Biodiversität

8

1. KLIMAWANDEL
2. VERNICHTUNG VON BIODIVERSITÄT

8.1
Klimawandel

Es ist von größter Bedeutung, dass die globale Erwärmung gestoppt wird, aber sie ist – bezogen auf die Zeiträume, die für die Zukunft der nachfolgenden Generationen von Bedeutung sind – irreversibel: Für mindestens 1.000 Jahre bleibt eine einmal erreichte Temperaturerhöhung nahezu unverändert bestehen, auch wenn keine weiteren CO_2-Emissionen mehr erfolgen. Zwar wird bei einem Emissions-Stopp die CO_2-Konzentration in der Atmosphäre allmählich sinken, weil die Ozeane weiterhin CO_2 absorbieren. Die schon erwärmten Ozeane nehmen gleichzeitig aber weniger Wärme als bisher aus der Atmosphäre auf. Beide Prozesse gleichen sich aus, sodass die Temperaturen fast stabil bleiben. Die globale Erwärmung führt beispielsweise zu einer veränderten atmosphärischen Zirkulation mit der Folge, dass es insbesondere in den ohnehin schon trockenen subtropischen Regionen in den regenarmen Jahreszeiten noch trockener wird. Das betrifft den Mittelmeerraum, Südafrika, Westaustralien, das östliche Südamerika und den Südwesten Nordamerikas (Solomon et al. 2009).

Doch noch ein weiterer Prozess wird durch den Temperaturanstieg ausgelöst und wirkt weit in die Zukunft hinein: Die Erhöhung des Meeresspiegels. Die Ergebnisse der Berechnungen verschiedener Wissenschaftler-Teams ergeben, dass ein Meeresspiegelanstieg von deutlich über einem Meter bis zum Jahr 2100 wahrscheinlich ist (Horton et al. 2020). Mit diesem Wert kalkulieren inzwischen Küstenschützer. Danach wird sich der Anstieg jedoch unausweichlich fortsetzen, denn die Wärme dringt nur sehr langsam von der Oberfläche der Ozeane in die Tiefsee vor. Die dadurch bedingte Ausdehnung des Meerwassers ist neben dem Abschmelzen des Festland-Eises ein wesentlicher Faktor zur Erhöhung des Meeresspiegels.

Im Jahr 2018 sorgte mitten im außergewöhnlich heißen mitteleuropäischen Sommer eine Publikation zum Risiko einer nahenden „Heißzeit" für die Erde für große öffentliche Aufmerksamkeit (Steffen et al. 2018). Darin wird beschrieben, dass die Erde sich bezogen auf die Temperatur im Holozän eigentlich am oberen Rand eines geschlossenen Zyklus befindet (Punkt A in ABB. 7), der den regelmäßigen Wechsel von Eiszeiten und Zwischeneiszeiten beschreibt und sich jeweils über 100.000 Jahre erstreckt.

ABB. 7:
SCHEMATISCHE DARSTELLUNG MÖGLICHER ZUKUNFTSPFADE DES IRDISCHEN KLIMAS

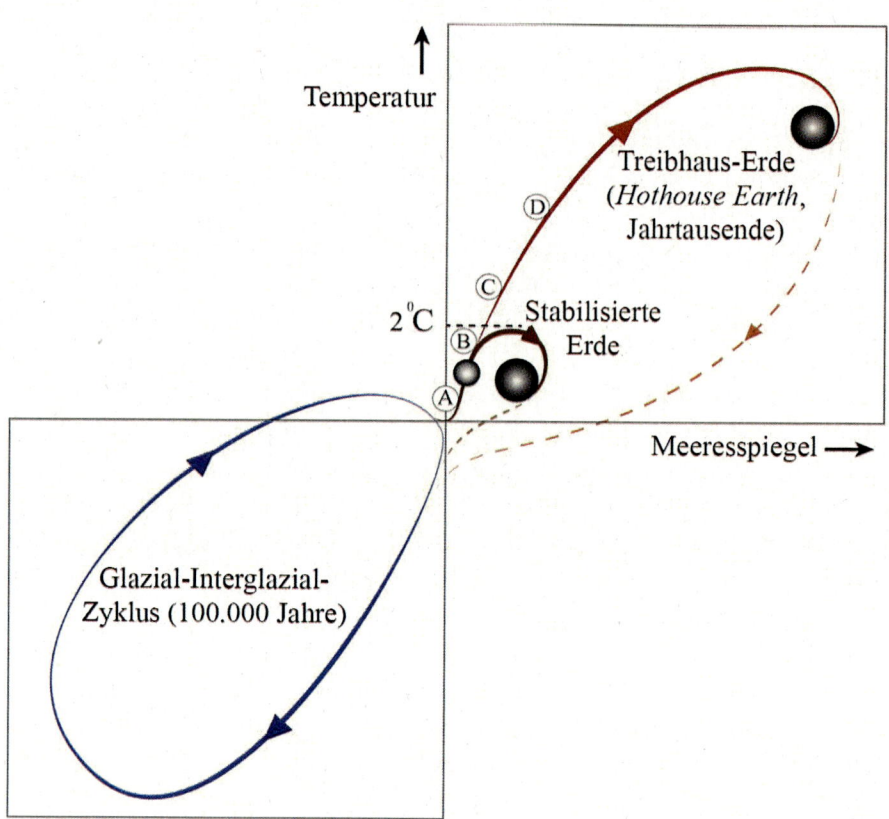

Links unten ist der typische Zyklus von Eiszeiten und Zwischeneiszeiten skizziert. Die x-Achse liegt auf Höhe der vorindustriellen globalen Durchschnittstemperatur, die kleine Kugel repräsentiert die aktuelle Position der Erde auf ihrem Pfad in eine Heißzeit – oder die Stabilisierung durch umsichtiges Handeln der Menschheit bei Nicht-Überschreiten kritischer Schwellenwerte (Kipppunkte). Quelle: Steffen et al. (2018).

Im Anthropozän verlässt die Erde nun sehr zügig den Temperatur-Rahmen, innerhalb dessen dieser Zyklus abläuft, und bewegt sich auf neue, deutlich heißere klimatische Bedingungen mit einer völlig veränderten Biosphäre zu. Mit der aktuellen Temperaturerhöhung von rund 1 Grad nähern wir uns den wärmsten Verhältnissen, die jemals in den Zwischeneiszeiten der vergangenen 1,2 Millionen Jahre erreicht wurden. Da auf dem weiteren Pfad gleichzeitig zahlreiche biogeophysikalische Rückkopplungsprozesse greifen, noch verstärkt durch die menschengemachte Veränderung der Biosphäre, wird befürchtet, dass ab einem bestimmten Punkt diese Rückkopplungen zu einem dominierenden Faktor werden und die Erde beschleunigt in eine Jahrtausende während „Heißzeit" („Hothouse Earth") treiben. Der Schwellenwert für eine solche Entwicklung wird bei einer Temperaturerhöhung von 2 Grad Celsius (möglicherweise auch schon darunter!) angenommen. Treiber dieser Entwicklung sind die bereits in Kapitel 4 beschriebenen Kippelemente, die durch den Temperaturanstieg aktiviert werden können, was zu weiterer Erwärmung führen und dominoartig weitere Kippelemente aktivieren kann („Tipping Cascades"). Die Autoren setzen dieser Entwicklung die wünschenswertere Zukunft einer stabilisierten Erde entgegen, in der die Menschheit sich als integraler Bestandteil des Erdsystems begreift und stabilisierenden Einfluss auf das Klimageschehen nimmt – Reduktion von Treibhausgasemissionen, Schutz und Förderung biologischer Kohlenstoffsenken, technologische und gesellschaftliche Innovationen, Anpassungen an den nicht mehr vermeidbaren Klimawandel sind Stichworte (Steffen et al. 2018).

In Deutschland wurde „Heißzeit" zum Wort des Jahres 2018 gewählt (GfdS 2018).

8.2 Vernichtung von Biodiversität

Die Frage nach der Gesamtzahl der Arten kann noch immer nicht zufriedenstellend beantwortet werden, da eine große Zahl von Lebewesen bisher nicht entdeckt wurde. Die Ursache liegt darin, dass sich ein Großteil des Lebens in den Wipfelregionen der Regenwälder, teilweise auch unentdeckt in der Tiefsee, abspielt. Noch in den 1970er Jahren ging man von 2 bis 3 Millionen Arten auf der Erde aus. Dann begann man, stichprobenartig die Zahl der Arten zu erfassen, die auf bestimmte Regenwald-Baumarten spezialisiert sind. Die daraus hochgerechneten Zahlen ergaben, dass es zwischen 10 und 100 Millionen Arten auf der Erde geben müsse. Die Mehrheit wird bei weitem von den Insekten gestellt. Wissenschaftlich beschrieben sind aber erst rund zwei Millionen Arten. Inzwischen ist zur Hochrechnung der Gesamtartenzahl auch die Methode angewendet worden, die taxonomische Klassifikation, also die Einordnung von Arten in jeweils höhere systematische Kategorien (z.B. Gattung, Familie, Ordnung, Klasse, Stamm) heranzuziehen und aus der Zahl höherer Kategorien auf die Artenzahl zu schließen. Daraus wurde eine Gesamt-Artenzahl für Eukaryoten (Lebewesen, deren Zellen einen Zellkern besitzen) von 8,7 Millionen errechnet (Mora et al. 2011).

Die Zahl der Arten ist global jedoch sehr ungleich verteilt. Von besonderer Bedeutung sind die sogenannten *Hotspots* der Biodiversität. So beheimaten 25 Hotspots, die insgesamt nur 1,4 Prozent der Landfläche der Erde einnehmen, beispielsweise 44 Prozent aller höher entwickelten Pflanzen. Kennzeichnend für diese Hotspots ist folglich, dass sie eine extrem hohe Zahl an endemischen Arten aufweisen, die also nur in der betreffenden Region vorkommen. Zu den Hotspots der Biodiversität zählen u.a. Mittelamerika, die tropischen Anden und der brasilianische Küstenregenwald in Südamerika, der Mittelmeerraum, Madagaskar, Neuseeland und die südostasiatischen Inselwelten. Der Artenreichtum gerade dieser Hotspots ist massiv bedroht, weil die Zerstörung der ursprünglichen Vegetation schon weit vorangeschritten ist. Auf der anderen Seite bieten sie die Chance, sich mit besonderem Engagement für den Schutz dieser relativ überschaubaren Flächen einzusetzen und damit einen Großteil der Artenvielfalt unserer Erde vor der Vernichtung zu bewahren (Myers et al. 2000). Ähnliches gilt für marine Lebensräume: Beispielsweise nehmen die zehn Hotspots, die 50 Prozent der endemischen Arten in den Korallenriffen beherbergen, einen Flächenanteil von nur knapp 16 Prozent unter allen Korallenriffen ein (Roberts et al. 2002).

Niemand kann genau sagen, wie viele Arten wir zurzeit verlieren – geschätzt werden bis zu 150 pro Tag. Das im Jahr 2019 erschienene „Globale Assessment" des Weltbiodiversitätsrats IPBES stellt fest, dass innerhalb der kommenden Jahrzehnte 25 Prozent der Spezies in den analysierten Tier- und Pflanzengruppen, etwa eine Million Arten, unmittelbar vom Aussterben bedroht sind. Die Ursache liegt vor allem in der Vernichtung der Regenwälder mit ihren unzähligen noch unbekannten Arten. Jahr für Jahr werden riesige Waldflächen abgebrannt. Die größten Waldverluste entstehen durch die Umwandlung in neues Weideland für Vieh und in Anbauflächen von Futtermitteln. Allein im Jahr 2020 gingen auf diese Weise 4,2 Millionen Hektar an feuchten tropischen Primärwäldern verloren – das entspricht der Fläche der Niederlande! Den weitaus größten Anteil daran trug Brasilien (World Resources Institute, https://research.wri.org/gfr/forest-pulse).

Um die globalen Ausmaße des Artenschwunds zu gewichten, wird oft der Vergleich zur natürlichen Aussterberate herangezogen. Das Ergebnis ist davon abhängig, von wie vielen existierenden Arten und von welcher Zahl an aussterbenden Arten man ausgeht. Die aktuelle Aussterberate übertrifft die natürliche Rate mindestens um den Faktor 100 bis 1.000 (Pimm et al. 1995). Damit verbunden ist die Einschätzung vieler Wissenschaftler, dass wir kurz vor oder bereits im sechsten großen Massenaussterben der Erdgeschichte stehen. Die fünf bisherigen Massenaussterben ereigneten sich am Ende der Erdzeitalter Ordovizium, Devon, Perm, Trias und Kreide, zuletzt also am Übergang der Kreide zum Tertiär vor rund 65 Millionen Jahren. Gewaltige Meteoriteneinschläge bzw. gravierende Veränderungen des Klimas waren jeweils die Ursachen. Die Definition für ein Massenaussterben lautet, dass mindestens 75 Prozent aller Arten innerhalb von höchstens zwei Millionen Jahren aussterben. Dieser Wert ist zwar bei den bis jetzt untersuchten Tiergruppen noch nicht erreicht. Das kann aber in wenigen Jahrhunderten bereits der Fall sein, denn die Aussterberate ist heute bereits höher als bei den fünf erdgeschichtlichen Ereignissen (Barnosky et al. 2011).

ABB. 8:
DER RIESENALK

Der Riesenalk *(Pinguinus impennis)*, ein 85 cm großer, flugunfähiger Seevogel, war einst im Nordatlantik weit verbreitet. Schon Mitte des 19. Jahrhundert wurde er ausgerottet – und ist heute nur noch im Museum zu betrachten, wie hier im Landesmuseum Hannover.

Foto: Petrischak.

Aussterbeereignisse sind irreversibel (ABB. 8). Die menschlichen Eingriffe entscheiden aber nicht nur über die Existenz einzelner Arten, sondern sind für die Zukunft des Lebens auf dem Planeten viel umfassender: Die Voraussetzungen für die weitere Evolution auf der Erde werden massiv verändert. Weil nicht nur Arten, sondern darüber hinaus in großem Umfang Populationen mit ihren entsprechenden Genpools aussterben und großflächige Lebensräume (Regenwälder, Korallenriffe, Feuchtgebiete) verlorengehen, werden Evolutionszentren wie die Tropen möglicherweise nicht mehr dieselbe Rolle wie nach früheren Massenaussterben übernehmen können. Bleibt der Einfluss des Menschen auch über geologisch längere Zeiträume bestehen, wären beispielsweise Artbildungsprozesse bei größeren Säugetieren gar nicht mehr vorstellbar. Außerdem werden nur solche Arten stark gefördert, die sich an vom Menschen geprägte Lebensräume anpassen können. Eine erwartbare Erholung und Reorganisation der Lebensvielfalt hat nach früheren Massenaussterben meist rund fünf Millionen Jahre in Anspruch genommen (Myers & Knoll 2001).

Auf der Analyse von Populationstrends auf regionaler und globaler Ebene beruht der Living Planet Index (LPI). In die Untersuchungen im Living Planet Report 2020 des WWF sind Berechnungen aus 20.811 Populationstrends von 4.392 Wirbeltierarten eingeflossen. Ergebnis: Von 1970 bis 2016 zeigt der globale LPI einen kontinuierlichen Rückgang um 68 Prozent, in Süßwassersystemen sogar um 84 Prozent.

Im Jahr 2017 zeigten Hallmann et al. in einer vielbeachteten Studie auf, dass die Biomasse der Fluginsekten in 63 Schutzgebieten in Deutschland in 27 Jahren (1989-2016) um durchschnittlich 76 Prozent zurückgegangen ist. Diese Erkenntnis beruhte auf Datensätzen des Krefelder Entomologischen Vereins, der die Insektenfänge nach einem standardisierten Verfahren durchgeführt hatte. Das „Insektensterben" und die „Krefelder Studie" beherrschten monatelang die öffentliche Debatte. Der dramatische Insektenschwund hat gravierende Folgen für Ökosysteme – Insekten nehmen oft Schlüsselfunktionen ein, beispielsweise als Bestäuber (hier sind u.a. Wildbienen wie Hummeln wichtig; ABB. 9), als Nahrung für Vögel und Fledermäuse, als Zersetzer von abgestorbenem Material usw. Die Ursachen für den Rückgang sogar in Schutzgebieten sind vielfältig; Verschlechterungen und Verluste von Lebensräumen, Überdüngung und die Wirkung von Pestiziden, insbesondere Neonicotinoiden, wirken in fataler Weise zusammen. Ein ähnlicher Rückgang wird in Deutschland längst auch bei der Vogelwelt verzeichnet: Die Zahl der Vögel (nicht der Vogelarten!) ist seit dem Jahr 1800 um rund 80 Prozent geschrumpft (Berthold 2017).

ABB. 9:
DIE SAMTHUMMEL

Die Samthummel *(Bombus confusus)* ist in Deutschland vom Aussterben bedroht.

Foto: Petrischak.

Veränderung der Stoffkreisläufe: Beispiel Stickstoff
9

Durch menschliche Aktivitäten werden die globalen Stoffkreisläufe in jüngster Zeit gravierend verändert. Besonders massiv ist dies beim Stickstoff der Fall. Er ist als Baustein der Proteine eine Grundvoraussetzung für Leben. Zwar hat Stickstoff (N_2) einen Anteil von 78 Prozent an der Luft, ist aber in gasförmigem Zustand von den meisten Lebewesen nicht verwertbar. So setzt Stickstoffmangel der biologischen Produktion oft Grenzen. Allerdings sind bestimmte Mikroorganismen in der Lage, Stickstoff zu fixieren: Mit Hilfe des Enzyms Nitrogenase können sie den Stickstoff zu Ammoniak (NH_3) bzw. Ammonium (NH_4^+) reduzieren und damit für Pflanzen verwertbar machen. In den Ozeanen wird diese Leistung von Cyanobakterien („Blaualgen") erbracht, an Land beispielsweise von Knöllchenbakterien, die in Symbiose mit Schmetterlingsblüten-Gewächsen (z.B. Soja) leben. Ammoniak kann von anderen Bakterien zu Nitrat (NO_3^-) oxidiert werden, das Pflanzen bevorzugt aufnehmen. Andererseits können denitrifizierende Bakterien Nitrat zu Stickstoff reduzieren, der dann wieder in die Atmosphäre gelangt.

Die menschlichen Eingriffe in den Stickstoffkreislauf sind vielfältig, u.a. sind folgende Faktoren von besonderer Bedeutung:

- Vor allem bei der Verbrennung fossiler Energieträger in Kraftwerken und Motoren entstehen als Nebenprodukte Stickoxide (hauptsächlich aus dem Luftstickstoff).
- Mit der Entwicklung des Haber-Bosch-Verfahrens zu Beginn des 20. Jahrhunderts konnte Stickstoff großtechnisch auf chemischem Wege fixiert werden. Damit konnten nun große Mengen an Kunstdünger hergestellt werden, was die landwirtschaftliche Produktion auf den zuvor stark ausgelaugten Böden erheblich erleichtert und der „Grünen Revolution" mit ihren ertragreichen Getreidesorten den Weg geebnet hat.
- Auch das großflächige Anpflanzen von Nutzpflanzen wie Sojabohnen trägt zur Stickstofffixierung in großem Maßstab bei.

Das hat neben den Vorteilen für die Produktion von Nahrungsmitteln auch unerwünschte Folgen:

- Stickoxide sind an der Bildung von gesundheitsschädlichem Ozon in der unteren Atmosphäre beteiligt und verursachen sauren Regen.
- Ein großer Teil des chemisch oder biologisch fixierten Stickstoffs wird aus den Böden ausgewaschen und führt zur Anreicherung von Nährstoffen (Eutrophierung) in Seen, Flüssen und Küstengewässern.
- Ein Teil des Stickstoffs findet seinen Weg im Lachgas (N_2O) zurück in die Atmosphäre – ein hoch wirksames Treibhausgas, das zudem in der Stratosphäre an der Zerstörung von Ozon beteiligt ist.
- Vor allem in unseren Breiten hat eine massive Überdüngung zum Rückgang artenreicher Lebensräume geführt. Der Überschuss an Stickstoff beträgt im deutschlandweiten Durchschnitt rund 90 Kilogramm pro Hektar und Jahr. Dies begünstigt in der Natur einige wenige Pflanzenarten, die üppig wachsen und die Konkurrenz verdrängen.

Die Dimensionen der Veränderungen im Stickstoffkreislauf werden durch entsprechende Zahlen deutlich: Vorindustriell betrug der Stickstofffluss aus der Atmosphäre in Land- und Wasser-Ökosysteme 90 bis 140 Millionen Tonnen Stickstoff pro Jahr, was durch einen entsprechenden Rückfluss aufgrund der Denitrifizierung ausgeglichen wurde. Diesem Wert fügen wir jährlich rund 210 Millionen Tonnen Stickstoff hinzu, davon allein 120 Millionen Tonnen durch Kunstdünger und Anbau von stickstofffixierenden Pflanzen (Millennium Ecosystem Assessment, 2005).

Zusammenfassung und Ausblick
10

Alle wissenschaftlichen Erkenntnisse über das System Erde zeigen deutlich auf, dass die Menschheit so massiv in die Prozesse des Systems Erde eingreift, dass sich die Rahmenbedingungen für die Zukunft – und schon heute spürbar – deutlich verschlechtern. Die Ergebnisse der unterschiedlichen Konzepte weisen übereinstimmend in die gleiche Richtung:

- Mehrere Sicherheitsgrenzen sind überschritten.
- Stoffkreisläufe werden im globalen Maßstab umgestaltet.
- Der Mensch ist mit sich weiter beschleunigender Wirkung zur stärksten gestaltenden Kraft auf der Erde geworden.
- Mit dem Klimawandel und der Vernichtung von Biodiversität sind irreversible Prozesse bereits eingeleitet.
- Die Funktionalität von Ökosystemen wird zunehmend eingeschränkt und geht mit dem Verlust wichtiger Ökosystem-Dienstleistungen einher.
- Der ökologische Fußabdruck der Menschheit übertrifft deutlich die Biokapazität der Erde.

Eine nachhaltige Entwicklung ist jedoch nur innerhalb der biophysikalischen Grenzen des Systems Erde denkbar. Deshalb geben die genannten Konzepte den Orientierungsrahmen für eine zukunftsfähige Gestaltung vor. Andernfalls gehen die Grundlagen für eine stabile soziale und wirtschaftliche Entwicklung verloren. Nicht einmal die grundlegende Versorgung einer schon Mitte dieses Jahrhunderts auf erwartete 9 bis 10 Milliarden Menschen anwachsenden Weltbevölkerung kann gewährleistet werden, wenn in Folge des fortschreitenden Klimawandels in Verbindung mit der Übernutzung der Wasserressourcen und der Degradierung von Böden beispielsweise Ernteausfälle im großen Maßstab drohen. Damit es soweit nicht kommt, müssen wir unsere Konsum- und Produktionsweisen konsequent verändern.

Mit unseren heutigen Aktivitäten legen wir die Lebensbedingungen für kommende Generationen fest. Unsere Plastik-Abfälle werden noch in Jahrhunderten in den Ozeanen klein gerieben werden und als Mikroplastik Eingang in die Nahrungskette finden. Wir können heute Entwicklungspfade festlegen, die darüber entscheiden, ob die Temperaturerhöhung bis zum Ende des 21. Jahrhunderts unter 2 °C oder über 5 °C liegt. Wir bestimmen, ob und wo es in Zukunft noch Korallenriffe und Regenwälder gibt. Diese und ähnliche Erkenntnisse sollten hinreichender Anlass sein, sich für nachhaltige Entwicklung zu engagieren.

Barnosky, A.D., Hadly, E.A., Bascompte, J., Berlow, E.L., Brown, J.H., Fortelius, M., Getz, W.M., Harte, J., Hastings, A., Marquet, P.A., Martinez, N.D., Mooers, A., Roopnarine, P., Vermeij, G., Williams, J.W., Gillespie, R., Kitzes, J., Marshall, C., Matzke, N., Mindell, D.P., Revilla, E. & A.B. Smith (2012): Approaching a state shift in Earth's biosphere. Nature 486, pp. 52-58. https://doi.org/10.1038/nature11018

Bayerisches Staatsministerium für Umwelt und Verbraucherschutz (2019): Volksbegehren „Artenvielfalt und Naturschönheit in Bayern". https://www.stmuv.bayern.de/themen/naturschutz/bayerns_naturvielfalt/volksbegehren_artenvielfalt/index.htm

Barnosky, A.D., Matzke, N., Tomiya, S., Wogan, G.O.U., Swartz, B., Quental, T.B., Marshall, C., McGuire, J.L., Lindsey, E.L., Maguire, K.C., Mersey, B. & E.A. Ferrer (2011): Has the Earth's sixth mass extinction already arrived? Nature 471, pp. 51-57. https://doi.org/10.1038/nature09678

Berthold, P. (2017): Unsere Vögel – Warum wir sie brauchen und wie wir sie schützen können, Berlin.

Bundesverfassungsgericht (2021): Verfassungsbeschwerden gegen das Klimaschutzgesetz teilweise erfolgreich. Pressemitteilung Nr. 31/2021 vom 29. April 2021. https://www.bundesverfassungsgericht.de/SharedDocs/Pressemitteilungen/DE/2021/bvg21-031.html

Costanza, R., d'Arge, R., de Groot, R., Farberk, S., Grasso, M., Hannon, B., Limburg, K., Naeem, S., O'Neill, R.V., Paruelo, J., Raskin, R.G., Sutton, P. & M. van den Belt (1997): The value of the world's ecosystem services and natural capital. Nature 387, pp. 253-260. https://doi.org/10.1038/387253a0

Costanza, R., de Groot, R., Sutton, P., van der Ploeg, S., Anderson, S. J., Kubiszewski, I., Farber, S. & R. K. Turner (2014): Changes in the global value of ecosystem services. Global Environmental Change 26, pp. 152-158. https://doi.org/10.1016/j.gloenvcha.2014.04.002

Crutzen, P. J. (2002): Geology of mankind. Nature 415, p. 23. https://doi.org/10.1038/415023a

Gerten, D. & H. J. Schellnhuber (2015): Planetare Grenzen, globale Entwicklung. Jahrbuch Ökologie 2016, Stuttgart, S. 11-28.

GfdS – Gesellschaft für deutsche Sprache (2018): GfdS wählt „Heißzeit" zum Wort des Jahres 2018. https://gfds.de/wort-des-jahres-2018/

Global Footprint Network: www.footprintnetwork.org

Global Footprint Network: Earth Overshoot Day. www.overshootday.org

Grober, U. (2013): Die Entdeckung der Nachhaltigkeit. Kulturgeschichte eines Begriffs, München.

Hallmann, C. A., Sorg, M., Jongejans, E., Siepel, H., Hofland, N., Schwan, H., Stenmans, W., Müller, A., Sumser, H., Hörren, T., Goulson, D. & H. de Kroon (2017): More than 75 percent decline over 27 years in total flying insect biomass in protected areas. PLoS ONE 12 (10): e0185809. https://doi.org/10.1371/journal.pone.0185809

Horton, B. P., Khan, N. S., Cahill, N., Lee, J. S. H., Shaw, T. A., Garner, A. J., Kemp, A. C., Engelhart, S. E. & Rahmstorf, S. (2020): Estimating global mean sea-level rise and its uncertainties by 2100 and 2300 from an expert survey. npj Climate and Atmospheric Science 3. https://doi.org/10.1038/s41612-020-0121-5

IPBES (2019): Summary for policymakers of the global assessment report on biodiversity and ecosystem services, 2019.

Jacquet, J. (2013): The anthropocebo effect. Conservation Biology 27 (5), pp. 898–901. https://doi.org/10.1111/cobi.12097

Jäger, J. (2007): Was verträgt unsere Erde noch? Wege in die Nachhaltigkeit, Frankfurt/Main.

Jahn, T., Hummel, D. & E. Schramm (2015): Nachhaltige Wissenschaft im Anthropozän. GAIA 24 (2), pp. 92-95. https://doi.org/10.14512/gaia.24.2.6

Konrad, T. & C. Heinrich (2015): Globale Biodiversitätsverluste – es geht um Werte. Jahrbuch Ökologie 2016, Stuttgart, S. 29-37.

Lenton, T.M., Held, H., Kriegler, E., Hall, J.W., Lucht, W., Rahmstorf, S. & H.J. Schellnhuber (2008): Tipping elements in the Earth's climate system. PNAS 105 (6), pp. 1786–1793. https://doi.org/10.1073/pnas.0705414105

Millennium Ecosystem Assessment (2005): Ecosystems and human well-being. Volume 1: Current state and trends. Island Press, Washington, Covelo, London.

Mora, C., Tittensor, D.P., Adl, S., Simpson, A.G.B. & B. Worm (2011): How many species are there on earth and in the ocean? PLoS Biol. 9: e1001127. https://doi.org/10.1371/journal.pbio.1001127

Myers, N. & A.H. Knoll (2001): The biotic crisis and the future of evolution. PNAS 98, pp. 5389-5392. https://doi.org/10.1073/pnas.091092498

Myers, N., Mittermeier, R.A., Mittermeier, C.G., da Fonseca, G.A.B. & J. Kent (2000): Biodiversity hotspots for conservation priorities. Nature 403, pp. 853-858. https://doi.org/10.1038/35002501

Pimm, S.L., Russell, G.J., Gittleman, J.L. & T.M. Brooks (1995): The future of biodiversity. Science 269, pp. 347-350. https://science.sciencemag.org/content/269/5222/347

Potsdam-Institut für Klimafolgenforschung: Kippelemente – Achillesfersen im Erdsystem. www.pik-potsdam.de/services/infothek/kippelemente (zuletzt aufgerufen: 21.9.2019).

Richardson, K. (2006): Der globale Wandel und die Zukunft der Ozeane. Auf dem Weg zu einer Wissenschaft für das System Erde. In: E.P. Fischer & K. Wiegandt (Hrsg.): Die Zukunft der Erde, Frankfurt/M., S. 259-280.

Roberts, C.M., McClean, C.J., Veron, J.E.N., Hawkins, J.P., Allen, G.R., McAllister, D.E., Mittermeier, C.G., Schueler, F.W., Spalding,